AFGHANISTAN KRIEG
2005

Edition von Feldpostbriefen aus dem 7. Deutschen Einsatzverband ISAF KABUL

André Deinhardt

Die Deutsche Nationalbibliothek verzeichnet diese Publikation in der Deutschen Nationalbibliografie; detaillierte bibliografische Daten sind im Internet über www.dnb.de abrufbar.

Herstellung und Verlag

BoD – Books on Demand, Norderstedt

ISBN: 9783734751257

Prolog

Am 11.September 2001 zerstörte ein Anschlag das World Trade Center in New York. Die USA und ihre Verbündeten antworteten mit einem „Krieg gegen den Terror", der die Drahtzieher dieser Angriffe zur Rechenschaft ziehen sollte.

Zu dem 9/11 Anschlag bekannte sich Osama bin Laden und das Terrornetzwerk Al Qaida. Die islamistischen Terroristen operierten aus Afghanistan heraus. In diesem Zentralasiatischen Land boten die Taleban, unter der Führung von Mullah Omar, den Terroristen eine sichere Operationsbasis. Der Angriff der US geführten Truppen unter dem Kommando der Operation „Enduring Freedom" zerschlug den offenen Widerstand der Taleban-Kräfte sehr zügig, mit Unterstützung der afghanischen Nordallianz. Osama bin Laden, Mullah Omar und eine größere Anzahl von Taleban-Kämpfern gelang es, sich in das Paschtunische Grenzgebiet zwischen Afghanistan und Pakistan abzusetzen. Von dort organisierten sie einen Guerilla-Krieg gegen die neue Afghanische Regierung und die Koalitionskräfte, welche sich auf die Absicherung des Wiederaufbaus Afghanistans konzentrieren sollten.

Die folgenden authentischen Feldbriefe berichten über diesen asymmetrischen Krieg aus meiner Sicht, der eines deutschen Oberleutnants, der im Rahmen des Bundeswehr-ISAF-Einsatzes vor Ort war.

Darüber hinaus berichten sie von den verschiedenen Erlebnishorizonten in der Heimat und im Einsatz, über Schnittmengen, aber auch deutliche Unterschiede. Die Briefe eröffnen einen subjektiven Blick in die emotionale Welt eines Soldaten im Einsatz.

Ich durchlief vor diesem Einsatz in Kabul eine umfangreiche Ausbildung in der Bundeswehr. Ich erlernte das Kriegshandwerk als Panzergrenadieroffizier, studierte an der Universität der Bundeswehr in München.

Die Erkundung des Einsatzraumes erfolgte zusammen mit anderen Offizieren des Brandenburger Panzergrenadierbataillons 421 im November 2004.

Im Einsatz verantwortete ich vor allem die Vor- und Nachbereitung von Überwachungsoperationen, Zugriffsoperationen, Absicherungsoperationen, Operationen gegen Waffenverstecke und Evakuierungsoperationen. Darüber hinaus betreute ich in einer Nebenfunktion den Bereich Entwicklungs-Zusammenarbeit. Meine Aufgabe nahm ich im Rahmen eines infanteristischen, multinationalen Einsatzverbandes wahr, der ca. fünfhundert Soldaten umfasste und für ca. sechs Monate in Kabul und südöstlich von Kabul operierte.

Alle Namen wurden geändert zum Schutz der beteiligten Personen und ihrer Familien.

Januar 2005

Werder (Havel), 18. Januar 2005
Liebste Catherina, dies ist der erste „Brief" den du von mir aus dem „fast" Einsatz bekommst. Ich schreibe dir noch von zuhause, um dir zu sagen, dass ich mir ganz sicher bin, wir können und werden dieses halbe Jahr zusammen durchhalten. Uns kann keine noch so große Entfernung trennen. Es ist vollkommen egal, dass zwischen uns der fünftausend Meter hohe Hindukusch, Wüsten, Steppe, Berge und Wälder liegen. Es sind nur fünftausend Kilometer. Ich glaube zwar nicht, dass Telefon, Internet oder Briefe unsere Nähe ersetzen können, aber ich weiß, wir werden so viel wie es eben geht in Verbindung bleiben. Manchmal werden wir uns den Kuss des anderen einfach vorstellen müssen. Ich liebe dich und werde an dich denken!!
Bis zum ersten Brief aus Kabul, Dein Andre

*

Kabul, 19. Januar 2005
Liebe Catherina, heute möchte ich dir, nun leider doch auf kariertem Papier, meinen ersten Brief aus Afghanistan schreiben. Der Hinflug dauerte diesmal fast zwei komplette Tage. Beim Flug von Hannover nach Termez (Usbekistan) musste ich sechs Stunden eingezwängt zwischen zwei Schweizern sitzen. Du kennst mich. Das war eine Tortur für mich. In Termez übernachteten wir in Zelten. Ich ging sofort ins Bett, mir war nicht nach Reden über Kabul und den Einsatz.

Heute Vormittag (10:20 Uhr Ortszeit in Termez) sind wir bei wunderschönem Sonnenschein und klarer Fernsicht nach Kabul geflogen. Dies war sehr angenehm, da man in dem Transportflugzeug „Transall" viel Platz zum Sitzen hat. Den Hindukusch konnte ich leider nur ganz kurz durch ein kleines Fenster sehen. In Kabul mussten wir auf dem Flughafen noch eine ganze Weile auf unseren Transport ins Feldlager warten. Hier ist es zurzeit um die Null Grad Celsius und auf den Bergen liegt überall Schnee. Ca. 14:00 Uhr Kabuler Zeit kamen wir im Camp Warehouse an und wurden eingewiesen. Die Informationen waren natürlich viel zu viel und René war ganz aufgescheucht wegen Kleinigkeiten. Ich habe mir gesagt, dass ich es erst einmal ruhig angehen möchte. In der letzten Zeit hat es in unserem Lager mehrere Schlägereien zwischen deutschen Soldaten gegeben, das finde ich ziemlich schlimm. Zumal einer dabei fast zu Tode gekommen sein soll. Ich hoffe, so was passiert in unserem Kontingent nicht.

Untergebracht bin ich diesmal gleich in einem Feldhaus und nicht wie letztes Jahr im Zelt. Das ist Klasse, auch wenn die Vorgänger es sehr dreckig hinterlassen haben. Jetzt habe ich mein Kissen überzogen und schlafe müde ein… Andre

*

Kabul, 20. Januar 2005

Hallo meine Sonne, es war einfach wunderschön, dich heute früh am Telefon zu hören. Das machte diesen ganzen Tag voller Licht und Hoffnung, obwohl es bedeckt und bitterkalt ist. Geschneit hat *es auch. Ich möchte mich noch einmal bei dir entschuldigen. Es wird nicht die Regel sein, dass ich dich um 03:30Uhr am Morgen wecke. Mit der E-Mail und dem Wappen hast du mir sehr geholfen. Den Tag füllten heute vor allem die Einweisungen durch meinen Vorgänger aus. Dabei komme ich mir vor, als ob jemand einen Trichter an meinen Kopf setzt und die ganze Zeit über eine Unmenge an Informationen hinein schüttet. Am Nachmittag stellte mir mein Vorgänger alle möglichen Schweden, Türken, Franzosen, Neuseeländer .....im Stab vor. Dabei hat mir unser Englischurlaub richtig den Rücken gestärkt.*

Mein Vorgänger heißt übrigens Hauptmann Claus, ein Sachse aus Zwickau, der mir letztes Jahr bei der Erkundung in Kabul fast nichts sagen wollte. Zurzeit verhält er sich ziemlich anständig. Ich hoffe, in einem halben Jahr genauso gut Englisch zu sprechen wie er. Ansonsten versuche ich es, ausgesprochen ruhig angehen zu lassen. Ich sage mir immer, dass ich für alles ein halbes Jahr, sechs lange Monate Zeit habe. Dies steht übrigens im Gegensatz zu dem, wie es andere tun. Besonders René macht unglaublich viel Stress. Unter sechzehn Stunden verlässt er nicht seinen Platz in der Operationszentrale.

Heute habe ich für mich einen Wochen- und einen Tagesplan aufgestellt. So stehe ich gegen 06:30 Uhr auf und gehe zum Frühstücken. Um 07:30 Uhr beginne ich in der Planungszelle meine Arbeit. 08:30 Uhr gehe ich zu einem internationalen Meeting und trage den Verbindungsoffizieren der anderen Einheiten und Verbände unsere Lage der letzten 24 Stunden vor. Zwischen 11:00 Uhr und 12:00 Uhr bewege ich mich im Fitnesszelt, damit ich nicht dick werde. Nach dem Mittagessen beginne ich mit der Ausarbeitung von neuen Operationen oder auch mit der Vorbereitung von Entscheidungen des Kommandeurs. 19:00 Uhr findet dann noch täglich eine Besprechung mit den Kompaniechefs unseres Bataillons statt. Dort werden die Befehle für den nächsten Tag ausgegeben. Am schönsten ist der Sonntag, da beginne ich erst um 13:00 Uhr. Der Vormittag ist Recreation Time (Erholungszeit)… :) Es war schön, dich heute Abend noch am Telefon zu hören. Dein Andre

*

Kabul, 21. Januar 2005

Liebe Catherina, heute habe ich das erste Mal an dem internationalen Meeting teilgenommen. Hurra!! Ich habe alles verstanden. Danach veranstalten wir immer eine „Schokoladen-Runde", wo man bilateral Aufgaben oder Probleme zwischen den Einheiten besprechen kann. Dort war es schon schwieriger zu folgen. Ab Montag muss ich täglich einen kurzen englischen Lagevortrag halten. Ich hoffe, ich blamiere mich und unseren Verband nicht allzu sehr. René, mein Stubenkamerad arbeitet wie ein Kaputter. Er ist jetzt schon krank und lässt sich auch nicht so richtig runter holen. Ich hoffe, er verausgabt sich nicht vollkommen. Ansonsten hatte ich heute nur zwischenzeitlich ein kleines Tief, als ich dachte, die Aufträge schaffe ich doch nie. Aber irgendwie lief es dann doch recht vernünftig.
Mit Björn will ich am Sonntagvormittag eine kleine Erkundungstour machen. Dabei wollen wir auch ein wenig in die Berge fahren. Wobei wir zu bestimmten Punkten nicht hinauf

kommen werden, da es seit zwei Tagen schneit. Es ist überhaupt
ein sehr schöner Anblick, wenn diese mächtigen Bergmassive
mit ihren weißen Schattierungen vor einem liegen. Niels hat mir
heute Abend erzählt, dass du dich am Sonntag mit Karla treffen
willst und wahrscheinlich gleich bei ihr übernachtest. Das finde
ich gut. Ihr feiert und wir sitzen im Schnee. Ich habe schon zu
Björn gesagt, dass man gleich zurückfliegen müsste.
Unser kleines Zimmer ist zurzeit noch ziemlich unwohnlich. Bis
der Kamerad von dem alten Kontingent abgereist ist, leben wir
noch zu dritt und wollen nichts verändern. Somit habe ich auch
meine Sachen noch nicht ausgepackt und lebe aus dem
Rucksack. Positiv ist es auf jeden Fall, dass wir bei diesem
Wetter nicht in einem Zelt schlafen müssen, wie letzten
November bei der Erkundung. Heute Abend habe ich die ersten
beiden Briefe zur Feldpost gebracht. Das war ein richtig gutes
Gefühl, dir etwas senden zu können. Mittlerweile ist es schon
wieder 00:30 Uhr, das heißt, Schlafenszeit und Zeit zum träumen.
Dein Andre

*

Kabul, 22. Januar 2005
Hallo meine Sonne, ich komme gerade von unserem Telefonat.
Deine Stimme zu hören, ist wie ein helles Licht am Ende des
Tunnels. Ich habe gerade einfach mal überschlagen: Es müssten
noch einhundert siebzig Tage sein, eine sehr lange Zeit. Mir
haben aber schon viele erzählt, dass die Tage fliegend schnell

vergehen. Trotzdem ist es natürlich eine viel zu lange Zeit. Das macht mich traurig.

Mein Vorgänger ist heute ausgeflogen, zurück nach Deutschland. Er hat sich noch einmal verabschiedet. Ihm musste ich jedes Wort aus der Nase ziehen. Ich hoffe trotzdem, dass ich die wichtigsten Punkte aufgenommen habe. Die erste Aktion ging allerdings schon einmal richtig daneben. Da rief mich heute ein Kanadier an. Erstens habe ich den kaum verstanden und zweitens wusste ich überhaupt nichts von den Absprachen meines Vorgängers. Da habe ich ganz schön rotiert, um den Schlamassel wieder gerade zu biegen.
Jetzt kommt René aufs Zimmer und unser „Abflieger"-Zimmerkamerad gibt eine Flasche Wein aus. Ich stoße auf dich an! HDL Dein Andre

*

Kabul, 23. Januar 2005
Liebste Catherina, heute ist Sonntag und das heißt theoretisch Erholungszeit bis 13:00 Uhr. Davon kann natürlich nicht die Rede sein. Ich bin seit ca. 08:00 Uhr auf den Beinen und mit Björn zum Erkunden gefahren. Dazu begrüßte uns heute herrliches Wetter, Sonnenschein und um uns herum Schnee, Schnee und Schneeberge. Als erstes sind wir in ein Munitionslager gefahren. Die Munitionsbunker verteilen sich über ein riesiges Areal, welches sich zwischen einigen Hügeln ausbreitet. Es bietet einen schönen Ausblick über die Hochebene, auf der Kabul liegt. Danach fuhren wir durch den Markt von Pole-e-Charkhi, einer

Ortschaft am Rand von Kabul. Da wir beide alleine unterwegs waren, konnten wir richtig in diese fremde Welt eintauchen. Allein die Kleidung der Menschen, meist in Erdfarben gehalten, beeindruckt mich. Die Frauen tragen fast ausnahmslos Burka und gehen mindestens fünf Schritte hinter ihren Männern, eigenartig.

Viele Kinder aber auch Erwachsene haben uns freundlich gewunken. Die meisten scheinen es wirklich gut zu finden, dass wir hier sind. Nach dem wir die Randbezirke verlassen hatten, fuhren wir weiter Richtung Berge, Richtung Khak-e-Jabbár nach Süden. Am Ende folgten wir nur noch einer schmalen Wagenspur. Damit war uns allerdings klar, dass dort keine Minen liegen dürften. In einem Hochtal trafen wir auf einen alten Ziegenhirten. Die Szene hatte, uns ausgenommen, etwas Biblisches. Der alte Mann trug einen langen weißen Bart und hatte ein vollkommen durchfurchtes Gesicht. Um ihn herum waren nichts außer seinen Ziegen und die Berge. Als wir eine Zeit weiter Richtung Süden gefahren waren, kamen wir an ein kleines Bergdorf, in dem schon zwei Bundeswehr Geländewagen standen. Die dazugehörigen Soldaten schienen nicht besonders glücklich über unsere Anwesenheit zu sein. Uns war das vollkommen egal.

Am Nachmittag und Abend habe ich an allerlei Papierkram gesessen und nur darauf gewartet, dich endlich am Telefon zu hören. Morgen früh werde ich erstmals deinen herrlichen Landkaffee genießen. HDL Andre

*

Kabul, 24. Januar 2005

Hallo meine Sonne, ich habe mich gerade ins Bett gelegt und genieße nach einem sechzehn Stunden Tag die Ruhe im Zimmer. Mein Tag war heute ein wenig aufregend. Ich habe zum ersten Mal einen Lagevortrag vor den versammelten Brigadestab + Verbindungsoffizieren gehalten. Ich glaube, durch meine Unsicherheit habe ich ziemlich unprofessionell gewirkt. Glücklicherweise habe ich noch ein halbes Jahr, um es besser zu machen. Die Runde nach dem Lagevortrag war sehr informativ und scheint meist auch recht lustig zu sein. Heute hat mir der englische Verbindungsoffizier einige Geschichten aus dem Irak erzählt. Er kam, nach einer kleinen Zwischenlandung zu Hause, direkt aus Basra (Südirak) nach Kabul. In Basra hat er an einigen Gefechten teilgenommen und überlebt…
Heute Abend fand der große Übergabe-Appell zwischen uns und unseren Vorgängerkontingent satt. Dazu wurden auch einige lokale Autoritäten eingeladen. Die Zeremonie war wirklich beeindruckend, besonders durch die Fackeln, den Schnee und die afghanischen Übersetzer. Das Dari, welches sie sprechen, klingt exotisch fremd. Danach veranstalteten wir noch einen Steh-Empfang im Zelt (Planet Kabul), welches leider ziemlich überfüllt war. An der Wand, an einem sehr zentralen Platz hängten wir das von dir entwickelte Wappen auf. Das Wappen sieht richtig klasse aus! Ich bin stolz auf deine Designer-Fähigkeiten… Danach haben René und ich uns beim Camp-Spanier eine Pizza genehmigt. Wir bestellten uns gleich ein ganzes Blech und dazu leckeren Rotwein.

Ich hoffe, dass es in den nächsten Wochen etwas ruhiger wird.
Im Mai würde ich gern zehn Tage Auszeit mit dir verbringen. Wir
könnten meinen Geburtstag gemeinsam feiern. Bis bald, Dein
Andre

*

Kabul, 26. Januar 2005
Liebe Catherina, gestern habe ich es leider nicht geschafft, dir
einen Brief zu schreiben. Durch Björn´s Geburtstag war ich sehr
lange unterwegs. Ich glaube, er hat sich sehr über die
Thermosflasche von mir gefreut und auch über die anderen
Geschenke. Ansonsten merkt man den ganzen Tag über, dass
ich noch sehr neu im Einsatz bin. Mit meinem Englisch habe ich
immer wieder Hoch- und Tiefpunkte. Aber auch bei den Arbeits-
und Kommunikationsabläufen ist alles noch neu und ungewohnt.
Dadurch kosten teilweise ganz einfache Aufgaben viel zu viel
Zeit. Gott sei Dank, ist bis jetzt noch nichts wirklich schief
gegangen.
Heute und Gestern habe ich es endlich geschafft, aus unserem
Schweinestall eine einigermaßen annehmbare Bude zu gestalten.
Ich musste, sage und schreibe zwei riesige blaue Müllsäcke mit
diversem Unrat raus schaffen, um erst mal eine Grundordnung in
der Stube zu haben. Das ist echt abenteuerlich! Heute habe ich
es auch geschafft, meine Sachen auszupacken. Die Dynamo-
Dresden-Fahne hängt jetzt an der Wand… :)
Vor drei Stunden hat uns die Nachricht erreicht, dass in unseren
Verantwortungsraum, gegen mit uns zusammenarbeitende

*Afghanen, ein Hinterhalt verübt wurde. Bei dem darauf folgenden
Feuergefecht konnten sich die Angreifer absetzen. Es scheint,
als hätten sie jedoch Verwundete. Wir wissen nicht genau, wer
die Angreifer waren, zurzeit aber geht für uns davon keine
Gefahr aus.
Mein Kommandeur Linz besuchte heute ein, von einem
deutschen Ehepaar in Kabul betriebenes, Kinderkrankenhaus.
Linz war von den beiden und ihren Projekt dermaßen begeistert,
dass er sie in jedem Fall bei dem Ausbau unterstützen möchte.
Ich werde mir das Kinderkrankenhaus nächste Woche einmal
anschauen. Es wäre gut, wenn wir auf diesem Weg auch bei
dem zivilen Wiederaufbau einen kleinen Beitrag leisten könnten.
Mal sehen, was daraus wird.
Dass du, mit Anna ins Kino gegangen bist und bei uns warst,
finde ich klasse. Ich denke, du bist für sie ein Vorbild…
René, mein Zimmergenosse, kommt irgendwie nicht zur Ruhe. Er
denkt, ohne ihn geht gar nichts. Ich hoffe, er macht sich nicht zu
sehr kaputt. Er muss aufpassen, dass er nicht in ein schwarzes
Loch fällt und sich vollkommen verausgabt. Vor allem würde er in
einer wirklichen Stresssituation schmerzlich fehlen. René ist
wirklich in Ordnung. Die Verbindung nach Deutschland hält er
per SMS, das scheint auch nicht sehr teuer zu sein.
Für heute ist nun genug erzählt. HDL Dein Andre*

*

Kabul, 28. Januar 2005

Hallo meine Sonne, leider habe ich dich heute Abend nicht mehr am Telefon erreicht. Dafür habe ich mit meinen Eltern gesprochen. Sie haben mir von deinem Geschäftstermin in Roßwein erzählt. Ich finde es auch immer nervig, wenn ich mit jemanden einen Termin vereinbare und dann dort nichts vorbereitet ist. Ich hoffe, du bekommst deinen Aufwand vergütet. Gestern war für mich ein sehr langer Tag. Ich bin erst morgens um 03:00 Uhr ins Bett gegangen. Wir hatten auf der Verbindungsstraße zwischen Kabul und Jalalabad (in Richtung Pakistan) so starke Schneefälle, dass normale Fahrzeuge nicht mehr weiter kamen. Die Straße ist ein ca. fünfzig Kilometer langes Nadelöhr, welches durch tiefe Schluchten führt. Wir bekamen die Information, dass auf der Straße circa dreihundert Menschen in Bussen festsitzen. Da es zurzeit bis zu minus fünfzehn Grad kalt ist, drohen die Menschen zu erfrieren. Also schickten wir unsere Soldaten mit mehreren deutschen und norwegischen Krankentransportern los. Als unsere Patrouille nach ca. zwei Stunden in dem besagten Tal ankam, war die Situation schon durch die Afghanen selbst geklärt. Außer Spesen nix gewesen! Für uns war es eine gute Übung zum falschen Zeitpunkt, da wir alle vollkommen übermüdet sind. Das von unseren Verband zu überwachende Gebiet ist im Verhältnis zu unseren Kräften einfach zu groß. Heute besuchte uns ein General aus dem Einsatzführungskommando in Potsdam. Wir haben ihm alle unsere Wünsche vorgetragen und hoffen jetzt auf mehr Soldaten und bessere Ausrüstung.

Meine Erkältung lässt ein wenig nach. Was mich zurzeit wirklich nervt ist, dass ich deine Briefe immer noch nicht herhalten habe. Das Wetter ist derzeit so schlecht, dass keine Flugzeuge in Kabul landen können. Das heißt, es liegt sehr viel Schnee und ist bitter kalt. Dafür haben wir gegenwärtig keinen Staub und Sandsturm, wie letzten November. Das Bergpanorama beeindruckt mich immer noch, fast wie in den Alpen. Heute Abend bin ich etwas früher aus der OPZ (Operationszentrale) „nach Hause" gegangen. Als ob hier mein zu Hause wäre… Ich freue mich auf dich, unsere Wohnung, das Wasser und Werder. Große Liebe, Andre

PS: Auf der beigelegten Feldpostkarte siehst du unseren Hubschrauber CH 53 beim Flug nach Kabul.

*

Kabul, 29. Januar 2005
Liebste Catherina, heute habe ich nach langem Warten, deinen ersten Brief erhalten. Du weißt gar nicht, wie wichtig so ein Brief sein kann. Ich hatte gerade ein kleines Tief, da ich selbst der Überzeugung war, meine Sache nicht richtig zu machen. Eigentlich hätte ich heute Nachmittag an einem Meeting teilnehmen müssen. Ich wollte aber unbedingt mit raus nach Bagram zu der US Base und den Hindukusch sehen. Somit habe ich René gefragt, ob er mir die Besprechung abnimmt. Er half mir wieder. René ist ein echt guter Kamerad. Ich konnte mitfahren. Zur Abendlage kamen wir durch einige Umwege auf der Strecke

ganze zwei Stunden zu spät. Niemand regte sich auf. Ich machte mir trotzdem Vorwürfe, wie das so ist. Dann erhielt ich deinen Brief und ich war gleich wieder total zufrieden. Wenig später, nachdem wir telefoniert hatten, wurde mir auch noch dein zweiter Brief mit dem Taschentuch ausgehändigt. Der Text klang wie aus einem lyrischen Buch, einfach nur schön. Das Taschentuch kann ich zurzeit sehr gut gebrauchen, denn ich habe noch ein wenig Schnupfen. Bei vierundzwanzig Grad minus ist das aber kaum verwunderlich.

Die Patrouille nach Bagram führte uns wieder über einige Dörfer, wobei die Menschen und vor allem die Kinder außergewöhnlich freundlich sind. Meist lachen, winken und laufen sie hinter uns her. Die alten Männer, mit ihren langen Bärten nicken uns meist nur wohlwollend zu. Für uns ist dies ein sehr gutes Zeichen. Die Frauen reagieren ganz anders. Wenn sie uns entdecken, ziehen sie schleunigst ihre Burka übers Gesicht. Die Fahrt selbst war eisig kalt aber landschaftlich außergewöhnlich beeindruckend. Am schönsten war der Blick vom Pass südlich von Bagram in das Tal, wo die Stadt mit dem amerikanischen Feldlager liegt. Direkt hinter der Stadt steigt der Hindukusch auf bis zu fünftausend Meter an. Es sieht wie eine unüberwindbare Wand aus Felsen und Eis aus. Über der Landschaft liegt dort nur noch eine dünne Schicht Schnee.
Dein Brief an mich war heute wie ein Leuchtturm.

P.S. Heute schreibe ich dir endlich auch einmal auf einem richtigen Briefbogen und nicht nur auf ausgerissener karierter Papierheftseite…

*

Kabul, 30. Januar 2005

Hallo Catherina, heute war für mich irgendwie ein eigenartiger Tag. Eigentlich hätte ich bis 13:00 Uhr Recreation Time gehabt. Aber nach dem ich meine Briefe an Dich und den an meine Oma zu ihrem Geburtstag fertig gestellt hatte, bin noch einmal in die Operationszentrale gegangen. Dort habe ich in aller Ruhe meinen Tee getrunken und wollte noch das eine oder andere erledigen. Um 10:30 fragte mich der derzeitige Schichtführer, ob ich ihm bei einem englischen Telefonat behilflich sein könnte. Daraus wurden dreieinhalb Stunden Führungsarbeit, wobei ich Gott und die Welt zusammengefunkt und telefoniert habe, um den Leuten im Tal nach Surobi zu helfen. Dort saßen immer noch die dreihundert Menschen in Eis und Schnee fest, denen angeblich vor drei Tagen von den afghanischen Kräften schon geholfen wurde. Das Ganze spielt sich bei Nachttemperaturen von bis zu minus vierundzwanzig Grad ab. Eine schreckliche Vorstellung, wenn man sich überlegt, dass ganze Familien nur das Nötigste für die Reise von Kabul nach Jalalabad dabei hatten. Am Nachmittag kam René in die Operationszentrale und führte die Geschäfte weiter. Danach war ich dort überflüssig und habe mich wieder der Planungsarbeit gewidmet. Außerdem habe ich noch ein wenig Schreibkram erledigt. So rechte Stimmung kam aber nicht auf. Am späten Nachmittag stellte die Patrouille vor Ort fest, dass vier Menschen in den Fahrzeugen erfroren waren. Schrecklich! Jetzt werde ich ein paar Stunden schlafen und René

*morgen früh 03:30 Uhr wieder ablösen. Ich hoffe, bis dahin hat sich die Lage ein wenig entspannt.
Große Liebe Dein Andre.*

*

Kabul, 31. Januar 2005
Hallo Catherina, heute schreibe ich dir nur einen kurzen Brief. Bei uns ist es weiterhin bitterkalt, was den Menschen vor Ort viele Probleme bereitet. Du musst dir vorstellen, dass viele der Flüchtlinge nur in einfachen Zelten schlafen. Heute haben wir wieder Meldungen von einigen erfrorenen Menschen erhalten. Wir versuchen alles, um zu helfen. Allerdings sind wir nicht einmal eintausend deutsche Soldaten in einer drei Millionen Stadt. Ich selbst habe den ganzen Morgen unsere Patrouillen aus der Operationszentrale geführt. René hatte die ganze Nacht allein die Stellung gehalten und musste deshalb heute früh erst einmal etwas schlafen. Am Nachmittag habe ich mit italienischen, griechischen, französischen und deutschen Pionieren gesprochen, um zu klären, wie wir die Straße nach Pakistan frei bekommen. Vor allem das Eis und viele stehengebliebene Fahrzeuge machen uns ernsthaft zu schaffen. Danach habe ich einen Erkundungsflug angefordert und flog selbst die Straße mit einem spanischen Hubschrauber ab. Durch einige Fotos, die ich aus dem Hubschrauber geknipst habe, konnten wir das diffuse Lagebild aufklären. Wir haben danach endlich gezielt Hilfe an die schwierigen Punkte bringen können. Heute bin ich einmal ein wenig stolz auf mich. HDL, dein Andre

Februar 2005

Kabul, 01. Februar 2005

Liebe Catherina, heute war ich den ganzen Tag über im Camp beschäftigt. Besonders interessant empfinde ich die Zusammenarbeit mit den vielen internationalen Offizieren. Ich habe den Tag über die Führung der Operation zur Öffnung der Straße nach Pakistan unterstützt. Über diese Straße, ich habe sie schon mehrfach erwähnt, läuft der komplette Nachschub u.a. mit Treibstoff für die Bevölkerung aber auch für die internationalen Truppen. Durch die wetterbedingte Sperrung der Straße warten mittlerweile einhundertzwanzig Tanklastzüge auf der Strecke. Uns und den US-Truppen geht langsam der Sprit aus. Für morgen früh habe ich eine weitere Operation mit zweihundert Soldaten und schwerem Gerät geplant. Ich bin gespannt, wie sie läuft.

Ich freue mich schon riesig auf dich. Am schönsten wäre ein Zeitsprung zum August, dann könnten wir gleich zusammen sein. HDL Dein Andre

*

Kabul, 02. Februar 2005

Hallo Catherina, ich sitze gerade, wie jeden Abend, in meinem Bett und schreibe dir ein paar Zeilen. Heute versuche ich einmal mein / unser Zimmer zu beschreiben. Das Zimmer ist ca. vier mal acht Meter und hat an den schmalen Seiten jeweils eine Tür bzw. ein Fenster. An der einen Längsseite steht mein Doppelstockbett am Fenster, dann mein Spind und zur Tür hin das

Doppelstockbett, in dem René schläft. Auf der gegenüber liegenden Seite stehen drei weitere cremefarbene Schränke, ein kleiner Tisch, und an der Wand hängt ein kleiner Fernseher. Dieser ist allerdings bei uns noch nicht in Betrieb gewesen. Über dem kleinen Tisch mit Kerze habe ich meine Dynamo-Dresden-Fahne aufgehängt. Jetzt weißt du auch, wie ich hier so untergebracht bin, einfach und zum Schlafen ausreichend. Die Stube wird dabei nie heimisch, auch wenn wir uns noch so sehr viel Mühe geben würden. Die Sanitäranlagen sind auf dem Gang. Die Hälfte der Duschen funktioniert nicht, dafür sind die Toiletten sauber.

Im Einsatzraum geht es zurzeit hoch her. Die gestern von mir geplante Operation, zur Öffnung der Straße für die Tanklastzüge, verlief heute ziemlich haarig. Der Kommandeur ließ die derzeit einzige gangbare Verbindungsstraße zwischen Pakistan und Kabul für sechzehn Stunden für alle privaten Fahrzeuge sperren. In der Zwischenzeit sollte die Straße geräumt und die Tanklastzüge hindurch gelotst werden. Das musst du dir so vorstellen, wie wenn jemand die Autobahn A9 zwischen München und Berlin schließen würde. Unsere Aktion verursachte einen großen Stau. Die Einheimischen wurden teilweise regelrecht gewalttätig, auch untereinander. Am Abend gab es dann noch einen kurzen Schusswechsel zwischen Einheimischen und unseren Soldaten, dabei wurde ein 55 jähriger Opa verletzt. Er war angeblich einer der Angreifer und konnte im Anschluss von unseren Sanitätern ärztlich versorgt werden. Sie sagen, dass er wieder gesund wird. Morgen geht die

Operation weiter, dann aber ohne eine Komplettsperrung. Gott
sei Dank, denn die Situation war heute ziemlich brenzlig.
Meine Mutter habe ich heute leider telefonisch nicht erreicht. Ich
hätte ihr gern selbst zum Geburtstag gratuliert. Bis Morgen, Dein
Andre

*

Kabul, 03. Februar 2005
Allerliebste Catherina, heute war ich das erste Mal im Fitnesszelt.
Als ich das letzte Mal versucht habe im Lager ein wenig Laufen
zu gehen, bin ich voller Schlammklumpen an den Schuhen
zurückgekehrt. Somit wird das Zelt mein neues Sportdomizil.
Heute bin ich dort erst mal eine dreiviertel Stunde gelaufen. Das
war eine wahre Erholung und Zeit, um an unser Zuhause zu
denken. Ich glaube, ich nutze das Fitnesszelt ab jetzt regelmäßig.
Wenn du es hinbekommst und mir ein paar Kinderwintersachen
oder/und „altes" Spielzeug schickst, wäre ich wirklich froh. Ich
könnte die Dinge gut als Gastgeschenk auf unseren Patrouillen
gebrauchen. Ich hoffe, ich mache dir damit nicht zu viel Stress.
Morgen werde ich mir erst einmal deinen leckeren Landkaffee
genehmigen. Ich stelle mir die Dose gleich auf den Tisch, so
dass ich sie morgen früh nicht vergesse.
Unsere Operation war sehr erfolgreich. Wir haben die
Kraftstofffahrzeuge durch das Nadelöhr gelotst. Zurzeit schneit
es wieder, deshalb wird morgen wieder totales Chaos auf der
Straße herrschen. Unsere Truppen und die Hauptstadt dürften
aber für die nächsten Tage mit Kraftstoff versorgt sein.

Nach diesem Erfolg haben wir uns ein kleines Bier genehmigt, das heißt René, unser Chef Michael und ich. Dabei hatten wir wirklich gute Gespräche. Ich hoffe, René hat verstanden, dass er sich für sechs Monate Einsatz die Kraft einteilen muss, sonst fällt er irgendwann in ein schwarzes Loch. Ich versuche konsequent jeden Tag meine sechs bis sieben Stunden zu schlafen. Das ist nicht immer einfach, aber nur so bleibe ich über den gesamten Zeitraum hell im Kopf.
Ich liebe dich. Andre

*

Kabul, 04. Februar 2005
Hallo Catherina, was für ein Tag! Ich bin total fertig. Heute früh, irgendwann um 04:00 Uhr wurde ich durch das Funkgerät geweckt. Es wurde etwas von einer abgestürzten Passagiermaschine in unserem Verantwortungsbereich erzählt. Ich bin sofort aufgestanden, trotz großer Müdigkeit, und habe mich der Planung einer Rettungs- und Suchoperation nützlich gemacht. Die Umsetzung folgte unmittelbar. Wobei wir bis ca. 13:00 Uhr alle hofften, dass es sich um ein Missverständnis handelte. einhundert vier Menschen sollen sich an Bord befunden haben. Gegen Mittag sendeten es auch alle möglichen Nachrichtensender, und die Websites der Nachrichtenagenturen meldeten es auch. Nur wir, die es suchten, fanden kein Flugzeugfrack, nirgendwo, zum verzweifeln. Wir überprüften jeden Winkel unseres Einsatzraums mit Hubschraubern, Bodentruppen und mit Drohnen. Wir konnten bisher einfach

nichts finden. Am Nachmittag meldeten die Agenturen, wir hätten das Flugzeug gefunden, aber wir hatten keine Ahnung. Ich war während der meisten Zeit als Verbindungsoffizier zur Brigade abgestellt und half die Hubschraubereinsätze zu koordinieren. Du kannst dir nicht vorstellen, wie anstrengend es ist, in diesem babylonischen Sprachen-Gewirr alles exakt aufzunehmen. Zwar sprechen offiziell alle englisch, aber viele beherrschen nur Bruchstücke der Sprache. Mein Englisch ist auch nicht gerade Oxford-Englisch, das weißt du.

Durch die ganze Aufregung habe ich es heute nicht geschafft, dir die schon geschriebenen Briefe zu senden. Irgendwie hoffe ich, dass die Maschine und die Menschen wieder ganz und gesund auftauchen, sich alles nur als großes Missverständnis zeigt. Aber leider scheint die Wahrscheinlichkeit dafür sehr gering zu sein. Der Schneesturm war zu stark und die Höhe des Flugzeuges offensichtlich zu gering. Ich glaube, die Soldaten die diese Tragödie entdecken und die Leichen bergen müssen, brauchen einen starken Charakter, um nicht zu zerbrechen. Hoffentlich geht morgen alles gut. Ich liebe dich, dein Andre

*

Kabul, 05. Februar 2005
Hallo meine Sonne, heute ist es bei mir ein wenig später geworden, da wir mit der Suche und Bergung des abgestürzten Flugzeuges sehr viel zu tun hatten. Morgen beginnt die eigentliche Bergung der Opfer, darunter offensichtlich einige Amerikaner. Die Bergung übernehmen vor allem Einheimische,

eine schaurige Sache. Das Flugzeugfrack liegt direkt auf einen Berggipfel. Der Pilot verfehlte den Überflug nur um Zentimeter. Den Pfarrer und einen Psychologen habe ich heute für unsere beteiligten Soldaten hinzugezogen. Irgendwie hatte ich trotz oder gerade wegen der gewissen Traurigkeit das Bedürfnis, deine Stimme zu hören. Das war eine echte Genugtuung. Ich glaube, meiner Mutter gegenüber war ich hingegen sehr kurz angebunden. Meine englischen Sprachkenntnisse verbessern sich durch meine enge Zusammenarbeit mit dem internationalen Brigadestab und den uns unterstützenden Einheiten. Auch wenn ich mich immer noch öfters dämlich anstelle.

Am Abend habe ich Björn, René und Ingo noch auf eine Flasche Wein eingeladen. Das tut auch gut und ist trotz des Sechzehn-Stunden-Tags absolut notwendig. Das erinnert mich an unsere wunderschönen Abende an der Havel. Ich liebe dich! Im Sommer machen wir uns eine richtig schöne Zeit. Du und ich alleine, und die ganze Welt steht uns offen.

Morgen ist Sonntag, d.h. eigentlich könnte ich ausschlafen, aber durch das Flugzeug werde ich wieder 07:00 Uhr in der Operationszentrale stehen. Ich verliere hier vollkommen das Gefühl für die Zeit und Wochentage. Es freut mich, dass es bei dir in Brandenburg im Familienbetreuungszentrum so gut war. Das überrascht mich zwar, ist aber natürlich klasse. Ich freue mich auf dich. Andre

*

Kabul, 06. Februar 2005

Hallo Catherina, dies war ein wirklich entspannter Tag, soweit man das hier sagen kann. Ich habe bis 06:30 Uhr geschlafen und wurde dann recht unfein durch einen Funkspruch geweckt. Nach dem das kleine Problem am anderen Ende des Funkkreises gelöst war, habe ich erst mal deinen Landkaffe genossen. Danach habe ich mir die Nachrichten angeschaut. Die Soldaten versuchen mit einem Erkundungs-und Bergungstrupp an das Frack heranzukommen. Die Gegend ist teilweise vermint, was die Aufgabe nicht leichter macht. Die gestern geplante Bergung der Toten und restlichen Flugzeugteile vom Norden her, war durch Schnee und dichte Wolken nicht umsetzbar. Somit ist heute wieder keiner direkt zu dem Flugzeugfrack vorgedrungen. Morgen hoffen wir auf besseres Wetter und wollen mit Hubschraubern an die Absturzstelle auf dem Berg.

Heute Mittag habe ich einen schönen Stundenlauf im Fitnesszelt genossen. Dabei kann man wunderbar nachdenken. Ich habe viel an dich und zu Hause gedacht. Am Nachmittag habe ich mir einen kurzen Bummel über unseren Lokal-Markt gegönnt. Die Einheimischen dürfen hier Waren für die Soldaten anbieten. Ich musste allerdings feststellen, dass 99,9% der alten Seecontainer-Läden nur pakistanischen Krimskrams verkaufen. Der letzte Container stellte dabei eine Ausnahme dar. Dort bot ein junger Afghane verschiedenste Aquarelle, Radierungen und Ölgemälde auf Leinwand an. Einen Teil davon hatte er selbst gemalt, andere waren von seinem Lehrer oder von Freunden. Ich habe mich bestimmt eine volle Stunde in dem Container aufgehalten und wollte etwas für dich aussuchen. Letztlich konnte ich mich jedoch nicht entscheiden, und es blieb bei einer sehr schönen Unterhaltung. Die meisten Bilder zeigten afghanische Landschaften oder Alltagsszenen. Einige Portraits waren auch dabei. Die meisten Landschaften stellten jedoch sehr grüne Gegenden dar, welche mit meinen bisherigen Eindrücken von Kabul und Umgebung nicht viel zu tun haben. Lediglich die Winterbilder und ein Bild von der Jalalabad-Road waren realistisch in Farben und Landschaftsstruktur. Trotzdem werde ich in jedem Fall wieder hingehen und vielleicht eines der Bilder kaufen. Du würdest dich bestimmt auch über ein gutes Bild freuen. Guten Nacht und große Liebe, dein Andre

*

Kabul, 07. Februar 2005

Liebste Catherina, heute gibt es nur einen kurzen Brief von mir für dich, da ich sehr müde bin. Der Tag war geprägt von kleinen Missverständnissen und von Schneeregen. Heute waren drei Soldaten des Kommandos Spezialkräfte, einige Italiener und slowenische Rettungssanitäter, das erste Mal an der Absturzstelle auf der 3000 Meter hohen Bergkuppe. Lebende haben sie nicht mehr gefunden. Sie brachten Papiere und fast unversehrte Gepäckstücke mit. Die Bilder, die sie dort aufgenommen hatten, waren schaurig, vor allem die Leichenteile. Ich bin jetzt seit einer Woche nicht mehr außerhalb des Lagers gewesen. Das ist regelrecht einengend. Diese Woche werde ich jedem Fall noch auf Patrouille gehen, möglichst um die Bergregion Richtung Süden zu sehen. Eben fragt mich René, ob *ich am Mittwoch für ihn einspringen kann. Er will mit nach Surobi fahren. Naja, dann werde ich ihm mal den Gefallen tun. Ich kenne die Ortschaft schon von drei Patrouillen. Nun werde ich mich in den Schlaf träumen. Große Liebe, Dein Andre*

*

Kabul, 08. Februar 2005
Allerliebste Catherina, da ich weiß, dass der Brief nicht vor deinem Geburtstag ankommt, gratuliere ich dir schon jetzt ganz lieb zu deinem Geburtstag. Mit den Geschenken sieht es dieses Jahr etwas mau aus. Ich kann dir nicht einmal einen Kuss geben, und auch die kleinen Präsente musst du allein auspacken.
Mit den Geschenken aus Afghanistan ist es auch nicht weit her. Die kleine Flaschenburka fand ich ziemlich lustig. Sie ist der landestypischen Kleidung der afghanischen Frauen nachempfunden. Dass sie ausgerechnet einer Barbiepuppe passt, ist schon skurril, aber vermutlich nicht vorgesehen. Normalerweise kann man die kleine Burka über eine Wasserflasche oder so stülpen. In dem Paket findest du auch die Postkarte von der blauen Moschee im Zentrum von Kabul.
Liebe Catherina, ich wünsche dir einen wunderbaren Geburtstag, wenn diesmal auch ohne mich. Dein Andre

*

Kabul, 09. Februar 2005

Hallo meine Sonne, ich habe dir ja schon am Telefon erzählt, dass der Tag heute irgendwie falsch begonnen hatte. Der Kommandeur hat meine Vorlage in der Luft zerrissen, dann wurde mir vom stellvertretenden Kommandeur vorgeworfen, ich wäre zu spät da, obwohl ich fünf Minuten zu früh war… Lauter Kleinigkeiten, die einen auf die Palme bringen. Ich glaube, am meisten hat mich geärgert, dass ich weiß, dass dein Geburtstagspacket zu spät ankommen wird, und ich dich gestern nicht am Telefon erreicht habe. Nun gut, alles vorbei! Wir sind heute zwei Jahre und einen Tag verlobt. Ich glaube, es wird Zeit das wir beide heiraten. …große Liebe!!!

Wir haben zurzeit viele Probleme mit Minen durch die einsetzende Schneeschmelze. Die abfließenden Schneemassen spülen viele alte Minen und Geschosse aus den Bergen auf die Straßen, Felder und Wege. Das macht die Gegend zurzeit richtig gefährlich. Wir beobachten jeden Schritt besonders aufmerksam. Gestern explodierte auf der Straße gegenüber, bei der afghanischen Armee ein altes Geschoss. Achtzehn Afghanen wurden zum Teil schwer verletzt. Bei zwei von ihnen konnte noch nicht einmal unser Lazarett helfen. Die Spanier flogen sie letzte Nacht nach Bagram auf die US-Base.

Tauwetter hat natürlich auch gute Seiten. Somit können wir hoffen, dass Schlamm, zerborstene Wasserleitungen und vollkommen unpassierbare Wege bald der Vergangenheit angehören. Unser Feldlager sieht gegenwärtig wie eine Schlammwüste aus. Ich kann keine zehn Meter gehen ohne auszusehen, als würde ich in einem Tagebau arbeiten.

*Die weitere Bergung des Flugzeuges übernehmen mittlerweile
die Afghanen. Das ist ein totales Chaos. Die afghanischen
Angehörigen demonstrieren mittlerweile zahlreich, weil ihre Toten
nicht zügig geborgen werden. Nach islamischem Recht hätten
die Opfer am Tag nach ihrem Tod beerdigt werden müssen. Das
hätte natürlich sowieso nicht funktioniert, aber der Absturz ist
mittlerweile schon über eine Woche her. Bis bald, dein Andre*

*

Kabul, 10. Februar 2005
*Hallo Catherina, heute geht der dreiundzwanzigste Einsatztag
vorbei. Am Vormittag begleitete ich eine Patrouille durch einige
Ortschaften am Rande von Kabul. Es liegt noch sehr viel Schnee,
und die ausgefahrenen Straßen sind total schlammig. Die flachen,
erdbraunen Lehmhäuser werden von hohen Mauern umgeben.
Die Menschen an den Brunnen und auf den Straßen wirkten sehr
freundlich. Man merkt es durch ein verschmitztes Lächeln der
Kinder oder das leichte Kopfnicken der älteren Männer.
Manchmal winkt uns auch jemand. Durch die schneebedeckten
Berge im Hintergrund wirkt die Szene irgendwie, wie nicht von
dieser Welt. Mindestens neunzig Prozent der Frauen tragen die
Burka. Meist sind sie blau, und das Alter der Frauen lässt sich
nur am Gang erahnen. In die Berge selbst konnten wir heute
nicht vorstoßen, da einfach noch zu viel Schnee liegt, und man
sehr leicht in ein Minenfeld hineinfahren kann. Das geht aber
nicht, weil du mich doch noch brauchst… :)*

Auf Hügeln, von denen man wichtige Gegenden überwachen kann, haben wir immer wieder Beobachtungshalte eingelegt. Dabei kamen jeweils mindestens zwei Hunde angelaufen, die im allgemeinem sehr räudig aussehen. Die zutraulichste Hündin hatte goldbraunes, verfilztes Fell und hat von uns natürlich etwas Futter bekommen. Die Hündin heißt übrigens „Vierbein", wie der Hauptdarsteller aus dem Film-Klassiker 08/15. Die Hunde sind ein sehr guter Schutz in der Nacht. Sie wittern sofort, wenn jemand in der Nähe ist, der nicht nach deutschen Soldaten riecht und schlagen an.

Der Flugzeugabsturz gestaltet sich irgendwie mysteriös. Die Fotos von der Unglücksstelle zeigen keine Toten in den Trümmern sondern nur außerhalb. Auch im Cockpit findet sich nichts. Wer genau an Bord war, ist auch nicht bekannt. Ich glaube mittlerweile, dass uns da einiges vorenthalten wird. Auch dass die Post seit über einer Woche nicht fliegt ist komisch, denn alle anderen Maschinen fliegen weitgehend normal. Vielleicht interpretieren wir aber auch zu viel hinein und das sind alles Hirngespinste.

Auf jeden Fall war ich heute zehn Kilometer im Camp laufen. Dabei kann ich immer wunderbar an dich und unser zu Hause denken. Ich glaube, ich werde weiter regelmäßig laufen gehen. Das soll es für heute gewesen sein. HDL, Dein Andre

*

Kabul, 11. Februar 2005

Meine große Liebe Catherina, heute Vormittag hatte ich wieder mein Routinemeeting mit den Verbindungsoffizieren der anderen Nationen. Danach war ich für die Organisation eines Besuches unserer norwegischen Kameraden verantwortlich. In diesem Zusammenhang sollte ich für die Norweger auch einen Vortrag über unseren Verantwortungsraum halten, natürlich in Englisch. Von den Norwegern spricht nur der Kommandeur deutsch. Das hieß für mich, eine dreiviertel Stunde sprechen. Am Vormittag hatte ich das Briefing noch mit René durchgesprochen. Danach, beim scharfen Durchgang funktionierte alles bestens. Mein einziger Schnitzer war, dass ich einen unserer Kompaniechefs als „ill" bezeichnete. Die Norweger verstanden er sei „verrückt" geworden und nicht einfach krank. Die kleine Begebenheit hat gut zur Belustigung und Auflockerung beigetragen. Am Nachmittag konnte ich wunderbare Landschaftsaufnahmen machen. Es klarte ein wenig auf, dadurch konnte man die wunderbare Bergkulisse um Kabul im Schnee bewundern.

Ich werde dir das nächste Mal ein paar schöne Bilder mitschicken. Nicht nur mich frustriert, dass die Post schon seit Tagen nicht ausgeliefert wird. Björn ist total sauer! Dir viel Spaß, Dein Andre.

*

Kabul, 12. Februar 2005

Meine liebste Catherina, eigentlich ist heute gar nicht mehr der 12.02., sondern schon der 13.02.2005, 01:21Uhr. Was ich dir erzählen möchte, ist allerdings alles von gestern.

Am Vormittag war ich wieder bei dem Meeting mit den Verbindungsoffizieren. Die werde ich dir bei nächster Gelegenheit alle einmal per Brief vorstellen. Danach war der große Moment: Endlich händigte mir der Spieß dein Paket aus. Ich war vollkommen glücklich! Alles Essbare habe ich sofort, direkt genossen. Deinen Brief habe ich mir allerdings für abends im Bett aufgehoben. Den Tee genieße ich morgen früh beim Frühstück. Während meines mittlerweile Routinelaufes konnte ich schön an dich denken… Dabei träumte ich, wie wir beide durch New York streifen. Am Nachmittag kam dein zweiter schon lange erwarteter Brief auch noch an.

Am Abend haben wir eine größere Zugriffsoperation vorbereitet. Wir erhielten Informationen, dass sich ein Selbstmordattentäter aus Pakistan auf den Weg nach Kabul befindet. Am Telefon konnte ich dir davon leider nicht erzählen, weil die Aktion unter strenger Geheimhaltung ablaufen muss. Wenn du den Brief erhältst, ist schon alles vorbei. Große Sehnsucht und Liebe! Dein Andre

*

Kabul, 13. Februar 2005

Schönes, klares Wetter in Kabul. Auf dem Berg mit dem abgestürzten Flugzeug begannen heute die „Aufräumarbeiten".

Aus meinem lang ersehnten Erholungstag ist heute natürlich
wieder nichts geworden. Pünktlich um 08:30 Uhr klopfte es an
meiner Tür. Ich musste bei der gestern angesprochenen
Zugriffsoperation unterstützen. Du musst dir vorstellen, da sitzt in
Pakistan ein alter Freund von Hekmatjar, ein alter Mujaheddin
und plant einen Selbstmordanschlag auf unsere Soldaten. Dazu
holt er sich einen armen, meist jungen Trottel, der denkt, dass er
nach seinem „Märtyrertot" ins Paradies kommt. Dort, so wird ihm
versprochen, soll er viele Jungfrauen erhalten. Auf jeden Fall
werden wir zusammen mit den US-Jungs und unseren
kanadischen Kumpels den Mann stoppen, bevor er nach Kabul
gelangt. Du glaubst gar nicht, wie viel man für eine solche
Operation absprechen und beachten muss.
Die Freundin von René ist zurzeit eifersüchtig, weil René von
seiner Bundeswehr-Zahnärztin angesprochen wurde, ob er auch
aus Burg stammt. Die Frau wirkt zwar vollkommen uninteressant,
und René beschäftigt sich täglich von früh bis spät abends nur
mit Arbeit. Seine Freundin hat ihn trotzdem erst mal ins
Kreuzverhör genommen… Da kann man schon lachen beim
zuhören… Ich glaube, jetzt artet es gerade ein wenig in
Beschimpfungen aus… Mal sehen ,wie lange das Gespräch noch
dauert…
Bei den Vorbereitungen für die Operation besprach ich mich
heute mit Ivan Popov, einem kanadischen Capitan. Er erzählte,
dass sein Vater aus München stammt, oder war es sein
Großvater? Auf jeden Fall stammt seine Familie eigentlich aus
Russland. Dort diente sein Großvater jedenfalls in der Roten
Armee. 1943 wurde er durch die Wehrmacht gefangen

genommen. Die haben ihn nach München verfrachtet, wo er in seinem Beruf als Maschinenbauer arbeiten musste, also als Zwangsarbeiter. Als der Krieg vorbei war, konnte er bis ca. 1950 in Deutschland bleiben. Danach schaffte er es, im Gegensatz zu den meisten seiner Landsleute, nach Kanada auszuwandern. Jetzt lebt seine Familie in der Nähe von Toronto. Als ich ihm erzählte, dass wir vor zwei Jahren Freunde in Toronto besuchten, hat er sich richtig gefreut. Es ist schon eigenartig, wie klein diese riesige Welt tatsächlich ist. Ich denke an dich. Ich freue mich auf dich. Ich träume mich zu dir. Dein Andre.

*

Kabul, 14. Februar 2005
Hallo Sonne, heute ist Valentinstag. Über deinen Brief mit dem gut riechenden Taschentuch habe ich mich riesig gefreut. Das war ein gutes Timing mit der Post. Vorhin habe ich fünf Briefe für dich abgeschickt. Da ich nicht mehr genügend Briefmarken und Briefumschläge besitze, steckte ich alle in einen Umschlag. Ich hoffe, du freust dich trotzdem.
Das Wetter war heute wieder richtig schön bei uns, Sonnenschein und klare Sicht auf die Berge. Leider hatte ich nicht wirklich viel davon, weil ich den ganzen Tag über schwer beschäftigt war. Am Abend haben wir es uns im Zelt gemütlich gemacht und über Beamer einen Film angeschaut. Es war sehr leichte Unterhaltung, aber nach vier Wochen ohne Fernsehen freut man sich auch darüber.

In den letzten Tagen versuche ich, vor dem Schlafen immer noch ein wenig in der Bibel zu lesen. Das ist echt interessant. Ich vermisse dich sehr. Dein Andre

*

Kabul, 15. Februar 2005

Allerliebste Catherina, heute Nachmittag fuhr ich in die Kabuler Innenstadt. Dort hat das deutsche Ehepaar Dechentreiter ein Kinderkrankenhaus aus dem Boden gestampft. Die beiden schätze ich auf ca. fünfundvierzig Jahre. Auf dem Grundstück bewohnen sie ein wunderbar eingerichtetes kleines Haus. Dieses Projekt wirkt wie eine Oase in dieser sandigen immer noch größtenteils zerstörten Stadt. Die verschiedenen Häuser des Kinderkrankenhauses sind farbig angestrichen, was hier außergewöhnlich ist. In zwei Monaten erfolgt die offizielle Eröffnung des Krankenhauses. Bei den letzten Schritten wollen wir ein wenig helfen, denn dieses Projekt besitzt eine extrem positive Ausstrahlung auf die Menschen in Kabul. Die Dechentreiters leben schon acht Jahre in Afghanistan und haben natürlich schon sehr schlimme Zeiten miterlebt. Früher arbeiteten sie im „Indira Ghandi" Krankenhaus. Dort verlangten die Ärzte hohe Zahlungen von ihren Patienten, für eigentlich kostenlose Leistungen der deutschen Entwicklungshelfer. Außerdem seien die hygienischen Zustände in dem Krankenhaus unerträglich gewesen. Um dies alles zu umgehen, und den wirklich Armen Hilfe anzubieten, erbauten die beiden das neue Kinderkrankenhaus. Wir wollen sie dabei u.a. mit deinen

Spielsachen unterstützen. Außerdem beschaffen wir gegenwärtig
Gips, eine Betonsäge und Transportkapazitäten. Als wir bei den
Dechentreiters Tee tranken, waren auch zwei Frauen von
MISEREOR anwesend. Sie unterstützen die „Brüder", von denen
Albrecht erzählt hat, bei ihrer Arbeit. In der nächsten Woche
werde ich zu den „Brüdern" Verbindung aufnehmen. Mal sehen,
was sich da machen lässt!?!
Die Tage bis zu unseren Wiedersehen werden schnell vergehen.
Vielleicht klappt mein Urlaub im Mai. Große Liebe, dein Andre

*

Kabul, 16. Februar 2005
Hallo meine Sonne, dein Riesen-Paket ist angekommen. Morgen
veranstalte ich deshalb meinen italienischen Tag mit Spagetti,
Pesto und Oliven. Wenn alles gut geht, trinke ich einen schönen
Rotwein dazu. Die Kindersachen sind sehr schön. Die Hüte,
Kleider und Spielsachen sehen gar nicht wie abgelegt aus. Wir
werden die Sachen in etwas ab gelegeneren Gegenden verteilen,
dort, wo normalerweise keine Hilfsorganisationen hinkommen.
Die Menschen werden sich sicher sehr freuen… Danke!
Heute früh hatten wir ein außergewöhnliches Antreten. René
meinte, dass ich wohl befördert werde. Das war natürlich wieder
nicht der Fall. Mein Vorgesetzter Hauptmann (Michael) konnte
sich allerdings über seine Beförderung zum Major freuen. Er war
richtig überrascht. Für mich war es im Hinblick auf meine
Beförderung natürlich eine Enttäuschung. Ich hoffe und glaube
aber, dass ich es recht gut verborgen habe. Er ist schon

fünfundvierzig Jahre alt und damit eine Beförderung deutlich
überfällig, zumal er sehr gute Arbeit leistet. Ich empfinde es für
mich trotzdem als eine gewisse „Nicht-Schätzung" meines
Einsatzes. Immerhin diene ich mittlerweile schon ein Jahr auf
einem Dienstposten, der normalerweise zwei Gehaltsstufen über
meinen Dienstgrad angesiedelt ist. Na ja, was soll es, das Leben
läuft halt nicht immer so, wie man sich das so wünscht.
Dafür habe ich mir heute zwischendurch Zeit für den Frisör und
für Sport genommen. Das Wetter war so gut, dass ich glatt zwei
große Runden im Lager gelaufen bin. Das sind ca. zehn
Kilometer. Ich glaube sogar, dass ich mich ein wenig in der
Sonne verbrannt habe. Unseren frisch gebackenen Major haben
gestern einige Afghanen vom Babakaheyl- Stamm auf die Jagd
eingeladen. Ich hoffe, dabei zu sein. Außerdem erhielt ich heute
eine Einladung unseres kanadischen Verbindungsoffiziers zum
Übungsschießen. Da fahre ich natürlich hin. Du siehst, so hat ein
eigentlich „beschissener" Tag auch seine kleinen Lichtblicke.
Trund, mein norwegischer Kamerad, fliegt morgen für vierzehn
Tage nach Hause nach Lillehammer, um mit seinen beiden
Kindern Ski fahren zu gehen. Ich wäre jetzt auch gern bei dir.
Andre

*

Kabul, 17. Februar 2005
Hallo meine Sonne, ich sitze gerade ein wenig fertig im Bett.
Nach siebzig Liegestützen werden die Arme sehr schwer. So

*bleibe ich fit und du bekommst auch keinen Fettkoloss als
Freund.*

*Heute Nachmittag unternahm ich mit dem Hubschrauber einen
Erkundungsflug in das Uzbeen Tal. Das Tal liegt ca. fünfzig
Kilometer östlich von Kabul und beherbergt einige zwielichtige
Gestalten. Wir vermuten, dass dort Boden-Luft-Raketen versteckt
werden. Der Flug war in jedem Fall ein Erfolg. Wir konnten u.a.
einen roten Pickup aufklären mit einigen schwarz gekleideten,
bewaffneten Männern. Wir sind nicht sicher, wo wir sie einordnen
können. Jedenfalls waren es keine afghanischen
Sicherheitskräfte oder ISAF Soldaten. Auf dem Rückweg haben
die Raketenabwehrsysteme im Hubschrauber angeschlagen, und
es wurden Täuschkörper ausgestoßen. Das gab ein wenig
Aufregung. Allerdings konnten wir keinen erkennbaren Angriff auf
den Hubschrauber feststellen. Vermutlich hatte uns jemand mit
einem aktiven Zielerfassungssystem anvisiert. Besonders Klasse
fand ich, dass ich den Piloten nach meinen Bedürfnissen lotsen
konnte. Das macht auch Spaß! Es ist schon ein erhebendes
Gefühl in so einem Fluggerät im Konturenflug die Täler entlang
zu schweben, nur knapp über der Erde oder an der Felswand
entlang. Vor allem, wenn sich rechts und links dreitausend Meter
hohe Berge auftürmen. Bei der Aufklärungsmission flogen wir
auch an der Absturzstelle des Passagierflugzeuges vorbei. Die
Bergungsarbeiten dauern weiter an.*

*Das Pesto, die Nudeln, der Käse und die Oliven schmeckten
absolut toll. Zu deinen Wohltaten genehmigte ich mir noch ein
Glas Wein. René und Björn lud ich einfach dazu ein. Sie waren*

begeistert. Schade nur, dass wir beide diese Leckereien noch nicht gemeinsam genießen können. Aber auch hierbei gibt es Hoffnung, denn die ersten dreißig Tage sind um! Große Liebe, Dein Andre

*

Kabul, 19. Februar 2005

Liebste Sonne, der Tag ist um. Ich sitze auf meinem Bett, schreibe dir einen Brief und höre dabei ein wunderbares Klavierstück auf meinem MP3-Player. Du wirst es nicht glauben, aber so etwas Schönes habe ich zuletzt vor fünf Wochen in Deutschland gehört. Wie schön es doch bei uns zu Hause ist. Die Musik + MP3-Player sind ein tolles Geschenk von dir, Felix und meinen Eltern.

Dein zweites Paket mit Kindersachen kam heute ebenfalls gut an. Wir werden es in den nächsten Tagen in den Dörfern einer Hochebene in der Nähe von Kabul verteilen. Die Gegend wirkt sehr karg und ärmlich. Deine letzten Sachen sind sehr gut angekommen. Gerade bei dem gegenwärtigen sehr eisigen Wetter freuen sich die Menschen über jede Unterstützung. Leider tauchen die meisten Hilfsorganisationen (nicht alle!) nur in der Nähe von Presse auf und kommen gewöhnlich über die Innenstadt von Kabul nicht hinaus. In Khak-i-Jabbar gibt es keine Presse, keine feste Straße und dem entsprechend nur wenig Hilfe für die Menschen vor Ort.

Gestern absolvierte ich zusammen mit Ivan Popov und seiner kanadischen Aufklärungskompanie ein Schießtraining. Dazu

*nutzen wir hier eine große Freifläche nah an den Bergen. Die
Herzlichkeit, mit der ich bei den kanadischen Kameraden
aufgenommen wurde war phänomenal, einfach Klasse.
Eigentlich wollte ich mir nur kurz deren Waffen anschauen und
ein wenig schießen. Ich wurde aber gleich bei meiner Ankunft auf
dem Schießgelände zum Mittagessen eingeladen. Danach
stellten sie mir ihre neuesten Scharfschützengewehre vor, und
wir trainierten ein wenig unsere Schießfertigkeiten. Als wir das
Gelände verlassen wollten, traf eine Gruppe von US Special
Force ein. Die sahen lustig aus. Sie trugen alle lange Vollbärte
und versuchten sich auch sonst wie Einheimische zu kleiden.
Trotzdem erkennt man schon auf einem Kilometer Entfernung,
wer sich da im Anmarsch befindet. Die „Jungs" stolzieren auf
jeden Fall sehr „wichtig" durch die Gegend. Das zeigt sich u.a. an
den besonders dunklen Sonnenbrillen, die sie heute auch bei
starker Bewölkung stur aufließen.
Mein Kommandeur bat mich, im Laufe des Tages einen seiner
Briefentwürfe an den Brandenburger Ministerpräsidenten und die
Bürgermeisterin in unserer Garnisonsstadt gegenzulesen. Er
möchte eine offizielle Brandenburg Fahne von ihnen und
informiert ein wenig über den Dienst der Brandenburger Soldaten
am Hindukusch. Ich musste bei der Korrektur daran denken, wie
du meine Briefe immer von Schachtelsätzen und Füllwörtern
befreist. Ich glaube, mein Kommandeur war sehr zufrieden mit
meiner Unterstützung.
Nun werde ich noch ein wenig lesen und Musik hören. dein
Andre*

*

Kabul, 20. Februar 2005

Hallo liebste Catherina, bei mir war heute eigentlich wieder Sonntag, Recreation Time. Angefangen hat der Dienst trotzdem schon 08:00 Uhr mit wichtigen Planungen für eine neue Einteilung unserer Soldaten. Die Verantwortungsbereiche unser Einsatzkompanien sollen neu, besser aufgeteilt werden. Am Abend erhielten wir Informationen, dass im Süden unseres Einsatzgebietes viele Menschen in Ihren Dörfern durch Schnee und Eis eingeschlossen sind. In den Bergen wären viele Menschen von Hunger und Erfrierungstod bedroht. Morgen früh werden wir mit Hubschraubern die Situation vor Ort erkunden und erste Decken, Reissäcke und Brennholz hinfliegen. Langweilig wird es hier nicht! Ich liebe dich meine Sonne…

*

Kabul, 21. Februar 2005

Meine liebe Catherina, die Tage gleiten so dahin, und es kann nicht schnell genug gehen, bis ich dich wiedersehe. Du weißt gar nicht, wie sehr ich mich auf dich freue. Ich träume gerade davon, mit dir durch die Berge zu wandern oder einfach nur auf einer grünen Bergwiese zu liegen. Zusammen mit dir ist es immer am schönsten auf dieser Welt. Martin fragte mich heute, ob wir auch mit der sogenannten Bananacard telefonieren. Ich glaube, er will mehr mit Carolin sprechen. Ich finde es wunderbar, dass wir doch so regelmäßig telefonieren können.

Letzte Nacht durfte ich noch eine „kleine" Rettungsaktion organisieren. In fünf Bergdörfern waren einhundertfünfzig Menschen für drei Wochen durch den Schnee eingeschlossen. Mittlerweile gingen ihnen Nahrung und Brennmittel aus. Der diesjährige Winter scheint ungewöhnlich hart für Kabul. Wir erkundeten deshalb die Region heute mit vier Hubschraubern und mit geländegängigen Fahrzeugen am Boden. Dabei haben wir als erste Unterstützung einhundertfünfzig Decken, Reis, Mehl und Öl verteilt. Das Material zu bekommen und die Hubschrauber zu organisieren, gestaltete sich schwieriger als vermutet. Viele hielten unsere Aktion für überzogen. Unser Kommandeur hat sich aber nicht abbringen lassen. Das finde ich klasse! Im Nachhinein war die Hilfe ein Erfolg. Ich bin glücklich, dass wir uns nicht beirren lassen haben. Ins Kinderkrankenhaus habe ich es heute leider nicht mehr geschafft. Deshalb müssen die Bilder für deine, übrigens geniale Spenden-Postkarten-Idee, leider bis Mittwoch warten.

Ich werde jetzt noch ein wenig Musik hören und danach schlafen gehen. Morgen wird wieder ein langer Tag. Bis bald, dein Andre.

*

Kabul, 23. Februar 2005
Allerliebste Catherina, heute Abend heute habe ich mir einige neue Titel von deiner und
Felix´s CD auf meinen MP3-Player heruntergeladen. Es ist einfach wunderbar, wie man sich durch die Musik in eine vollkommen andere Welt träumen kann. Gestern habe ich

versucht, dir einen Brief zu schreiben. Durch meine Müdigkeit habe ich allerdings nur einige wenige Fragmente zusammenbekommen. Gestern und auch heute war ich schwer beschäftigt.

Heute verletzte sich in der Nähe unseres Lagers ein kleiner Junge schwer beim Spielen mit einer Antipersonen-Mine. Dieses Teufelszeug liegt hier überall herum. Dem Jungen hat es ein Bein zerfetzt. Unsere Notambulanz erreichte den Unfallort nach kurzer Zeit und rettete dem Kind zumindest das Leben. Vielleicht bekommen unsere Ärzte den Jungen wieder gesund gepflegt. Sie leisten großartige Arbeit hier. Aber egal wie gut sie arbeiten, der Junge wird für sein Leben gezeichnet bleiben. Ein trauriges Land ist dieses Afghanistan. Umso mehr freue ich mich über dein Paket und umso befriedigender fühlt es sich an, wenn man wenigstens ein wenig helfen kann.

Außerdem haben wir letzte Nacht mit unseren Kompanien und dem Stab die Durchsuchung eines Gehöftes geplant. Dort sollten Aufständische Waffen verstecken. Als wir heute die Aktion durchgezogen haben, fanden die Männer vor Ort nichts. Entweder wussten die Bewohner vorher schon von unserer Operation, was man hier nie ausschließen kann, oder unser Informant war nicht zuverlässig. Am Abend haben wir auch in Betracht gezogen, dass wir das falsche Gebäude gestürmt haben. Wenn dies der Fall ist, würden wir die Geduld der Einheimischen stark auf die Probe stellen.

Ich werde jetzt noch etwas lesen. dein Andre.

*

Kabul, 24. Februar 2005

Hallo meine Sonne, heute habe ich es endlich geschafft in die Kinderklinik zu fahren. Die Leute waren wieder total nett und haben uns Tee und einige Süßigkeiten gereicht. Diesmal hatten wir etwas mehr Zeit, so dass sie uns diesmal das ganze Projekt vorstellten. Die Anlage wirkt vergleichsweise groß. Im Zentrum steht die eigentliche Klinik, ein zweiflügeliges Gebäude. Wenn man das Hauptgebäude betritt, kann man nach rechts oder links gehen. Am Ende der Flügel befinden sich die OP-Säle. Entlang der Gänge reihen sich die Krankenzimmer aneinander. Jedes der Zimmer wird durch große Glaswände begrenzt. Dadurch wirkt das ganze Gebäude lichtdurchflutet, transparent und gut kontrollierbar. An den Außenfenstern brachten die Mitarbeiter schöne und bunte Bleiglaseinlassungen an. Dadurch wirken die Zimmer unterschiedlich beleuchtet. Die Bilder davon, Bilder vom Wasserturm und dem kleinen Gemüsegarten sende ich dir noch. Um besonders gute Bilder aufzunehmen, bin ich auf den Wasserturm geklettert. Sehr aufregend! Dadurch konnte ich gute Panoramaaufnahmen knipsen. Außerdem habe ich nun eine Beule am Kopf, nach dem ich mich an der Metallleiter stieß…

Danach sind wir zu dem alten Königsgrab gefahren. Es liegt auf einer kleinen Anhöhe am Rand der Kabuler Innenstadt und wurde zu Ehren des vorletzten Afghanischen Herrschers errichtet. Von außen wirkt das Bauwerk wie eine Moschee. Leider beschädigten die verschiedenen Kämpfe der letzten dreißig Jahre das Gebäude nachhaltig. Von der Anhöhe genossen wir einen wunderbaren Blick über die Stadt. Das Wetter passte, klar *und sonnig. Ich bin gespannt, was du aus den Bildern zauberst im Rahmen des Spenden-Postkarten-Konzeptes. HDL, dein Andre*

*

Kabul, 25. Februar 2005

Hallo meine Sonne, ich sitze gerade wieder in meinem Bett und höre deine Musik, die du mir geschickt hast. Dabei muss ich immer an unsere ausgedehnten Frühstücke in Werder denken. Auch darauf freue ich mich schon unheimlich. Bevor ich ins Feldhaus gegangen bin, habe ich dir die Bilder vom Kinderkrankenhaus gesendet. Dabei sind auch einige Kinderbilder und natürlich ein paar Bilder von mir, damit du nicht vergisst, wie ich aussehe. Ich finde es phänomenal, dass wir für so kleines Geld die Spendenpostkarten herstellen können. Ich glaube auf diesem Weg werden wir viele Spendengelder akquirieren. Mein direkter Chef, Michael möchte, dass ich nicht weiter an dem Projekt arbeite, weil ich schon zu viele Aufgaben hätte. Wenigstens die Postkarten möchte ich zu einem guten Ende bringen. Ich bin schon sehr auf deine Entwürfe gespannt. Heute hatten wir einen sehr schönen, sonnigen Tag. Das habe ich für ein paar Lagerrunden ausgenutzt. So ein Lauf tut richtig gut, danach ist mein Kopf frei. Dies war heute besonders wichtig. Ich hatte mich am Vormittag voll aufgeregt. Michael möchte immer alle Befehle in schriftlicher Ausfertigung vorgelegt bekommen. Er denkt das ist zur Absicherung notwendig. Ich halte es bei den meisten Themen für verschwendetes Papier,

Geist und Zeit. Außerdem macht es vollkommen träge, wenn man einfachste Befehle aufschreibt, statt sie mündlich zu übermitteln. Heute sollte ich sogar nachträglich zu einer Aktion einen schriftlichen Befehl verfassen, da war bei mir Schluss. Ich habe ihm gesagt, dass dies nicht möglich ist. Jetzt sitze ich die Sache aus. Normalerweise verstehe ich mich mit Michael hervorragend, obwohl er viel älter ist, kann man mit ihm sehr viel Spaß haben. Außerdem geht er gern auf Jagd, wie ich.

Martin erzählte mir heute, dass Carolin gestern verzweifelt wirkte. Sie hatte statt Kühlflüssigkeit, Öl in den Kühlflüssigkeitsbehälter ihres Autos rein geschüttet. Sie hat es nicht leicht und wirkt nur nach außen als sehr starke Frau. Das heißt natürlich nicht, dass sie ihre Sache nicht ebenfalls gut meistert. Wenn ich Martin so höre, bin ich ganz stolz auf dich. Trotzdem hoffe ich, vermisst du mich ein wenig. Liebe Grüße von deinem Andre.

*

Kabul, 27. Februar 2005

Hallo meine Sonne, eine arbeitsreiche Nacht liegt hinter mir. Ich habe die ganze letzte Nacht durchgearbeitet, um eine Zugriffsoperation auf ein Waffenversteck zu organisieren. Endlich haben wir auch etwas gefunden. Zuletzt hatten wir das Gefühl, ständig im dunklen zu tappen. In der Höhle waren sehr viele Raketen und Granaten versteckt. Die Höhle hatten unsere Männer in einem abgelegenen Gebirgstal hochgenommen. Diese Raketen und Granaten setzen die Aufständischen gewöhnlich gegen unsere Lager und Patrouillen ein.

Tagsüber habe ich mich heute ein wenig hingelegt, um mein Schlafdefizit auszugleichen. Leider bin ich gestern nicht dazu gekommen, dir einen Brief zu schreiben. Dafür habe ich endlich einmal meinen Großeltern geantwortet. Ich freue mich schon riesig auf dein Paket. Heute Abend haben René und ich unser Zimmer ein wenig umgeräumt. Jetzt haben wir einen größeren Tisch, auf dem ich auch einmal meinen Laptop abstellen kann. Das ist echt praktisch!

René habe ich gerade erzählt, wie sehr ich dich vermisse. Ich freue mich schon riesig auf meinen Urlaub. Das wird Entspannung pur. Nach unserer SMS werde ich gut schlafen. Die SMS Nachrichten funktionieren wirklich gut. Bis morgen, dein Andre

*

Kabul, 28. Februar 2005

Hallo meine Sonne, heute bin ich einundvierzig Tage hier in Afghanistan. Damit habe ich 1/4 des Einsatzes geschafft. Was heißt eigentlich „ich", wir haben diese Zeit überstanden. Ich freue mich auf dich. Heute Vormittag berichtete ich über unsere Operationen gegen das Waffenversteck in Sourobi vor dem internationalen Stab. Da war ich schon ein wenig stolz auf unseren Verband.

Meine Läufe entwickeln sich mittlerweile in eine Art Höhentraining. Da unser Camp sich auf ca. eintausend achthundert Metern Höhe befindet, trainiert man hier besonders effektiv. Sobald ich wieder in Werder (Havel) bin, kann ich sicherlich noch deutlich schneller laufen als jetzt.

Unser Kommandeur lobte mich heute für die sehr gute Vorbereitung der letzten Operation gegen das Waffenversteck. Wir konnten das Lager ausheben. Das freut mich sehr... Ich hatte u.a. Unterstützung durch holländische Kampfhubschrauber (Typ Apache), Elektronische Aufklärung, EOD-Teams und Sanitäter organisiert. Na ja, jeder hat mal einen Treffer, heute ich!

Ich bin immer noch gespannt auf deine Spenden-Postkarte-Entwürfe für das Kinderhospital. Bis morgen, tausend Küsse, dein Andre

März 2005

Kabul, 01. März 2005

Liebste Catherina, heute beginnt der März und bei uns scheint auch langsam der Frühling einzukehren. Ich habe gehört, dass bei dir noch eisige Kälte herrscht. Hier merkt man den Frühling vor allem an den Temperaturen. Die Sonne hat heute auch den ganzen Tag geschienen. Die Farbe Grün existiert allerdings bisher nicht, alles ist braun-gelb. Nur die Berggipfel sind weiß und werden es voraussichtlich bis April auch bleiben. Heute Abend konnte ich endlich deine Spenden-Postkarten-Entwürfe herunterladen. Damit hast du nicht nur mich in Begeisterung versetzt. Diese Karten werden sich sicher sehr schnell verkaufen. Ich hoffe, der Druck dauert nicht so lange.

Am Abend, gerade als ich schlafen gehen wollte, wurde ich von neuen Infos über ein weiteres Waffenversteck überrascht. Das hieß wieder planen, planen, planen. Morgen früh 05:30 Uhr geht es los. Diesmal arbeiten wir mit den Kameraden von der Fremdenlegion zusammen. Die wollten die Operation am liebsten ohne uns durchziehen. Da es aber unser Verantwortungsbereich ist, hat der Kommandeur „Non" gesagt. Ich hoffe, dass alles gut geht, und wir die Sache heil überstehen.

So nun muss ich noch ein paar Stunden schlafen. Für mich startet der morgige Tag 03:00 Uhr. Ich liebe dich, dein Andre

*

Kabul, 02. März 2005

Hallo meine große Liebe, zwischendurch hatte ich heute Morgen etwas Zeit. Dabei habe ich so überlegt, wie das so wäre, wenn ich die Bundeswehr verlasse und meinen Traum von der Selbständigkeit auch umsetze. Schön wäre auf jeden Fall, dass ich immer in deiner Nähe sein könnte... Sehnsucht!

Die Operation zusammen mit den französischen Fremdenlegionären funktionierte sehr gut. Wir haben wieder eine Menge Munition gefunden. Mir kommt es manchmal so vor, als wäre das ganze Land voll Minen, Waffen und Munition. Das ist ein Fluch für die Menschen, die hier leben müssen. Unsere Jungs sind alle gesund zurückgekehrt. Diese Gewissheit gibt immer ein gutes Gefühl. Da sind die langen Nachtstunden für Detailplanungen gerechtfertigt.

Morgen fahre ich für eine Erkundung in die Stadt, endlich wieder raus aus dem Lager. Zweimal die Woche ins Gelände zu kommen, ist dringend notwendig, sonst bekommt man den „Lagerkoller". Bis Morgen, hoffentlich höre ich deine Stimme wieder am Telefon. Dein Andre

*

Kabul, 03. März 2005

Hallo Catherina, heute habe ich die meiste Zeit in der Stadt zugebracht. Ich erkundete Evakuierungsmöglichkeiten für den „TV-Hill". Dieser Berg wird als Sendepunkt für Funk und Fernsehen genutzt. Er liegt mitten in der Innenstadt, allerdings ca. 400 Höhenmeter über dem Terrain der Stadt auf 2100

Höhenmetern. Die Hänge sind sehr steil und mit Slum-Hütten eng bebaut, die natürlich illegal errichtet wurden. Auf der Bergkuppe befinden sich zwei Sendestationen, eine zivile und eine militärisch genutzte. Der Chef der Funkstation wies uns in die örtlichen Gegebenheiten ein. Der war allerdings selbst noch nicht lange vor Ort und hat uns mitten in ein Minenfeld geführt. Als ich das bemerkte, war ich richtig sauer. Vor allem war ich froh, als wir alle drei wieder gesund aus diesem Bereich herauskamen. Danach haben wir zu Fuß die Wege am Bergsockel erkundet, mitten durch die Slums. Die Menschen reagierten wieder sehr freundlich auf unsere Anwesenheit. Die hygienischen Bedingungen, unter denen hier Menschen leben, sind bedrückend. Zwischen den Häusern und auf den Wegen laufen offene Gräben, in denen die Abfälle und Fäkalien liegen und schwimmen. Heute regnete es den ganzen Tag. Danach stank es meiner Meinung nach noch mehr.

Im Anschluss an unsere Patrouille am TV-Hill fuhren wir auf das Universitätsgelände in Kabul und besuchten das Sprachinstitut. Die Uni bildet eine Art grüne Lunge von Kabul. Hier stehen noch Bäume und es existieren Grünanlagen, gegenwärtig natürlich ohne Blätter und grüne Wiesen. Gegenwärtig immatrikulieren sich viele neue Studenten. Ansonsten nutzen die Studenten die Semesterferien für Besuche in den Provinzen. Beim nächsten Mal besuche ich die Fakultät für bildende Künste. Zum Abschluss unserer Erkundung haben wir noch den größten Friedhof von Kabul angeschaut. Dort fanden wir keine Bäume, dafür tausende unbehauene Steine die über Gräbern errichtet wurden. Es war *ein eigenartiges Gefühl, zwischen diesen tausenden von toten Steinen zu stehen. HDL, Andre*

*

Kabul, 04. März 2005

Hallo meine Sonne, soviel wie heute haben wir schon lange nicht mehr miteinander gesprochen.

Ansonsten besuchte ich heute den Arzt wegen meinem steifen Hals. Mittlerweile geht es besser. Ich habe den ganzen Tag unentwegt zu tun. Nur die Zeit vor dem Schlafen halte ich mir für dich frei. Wenn es irgendwie möglich ist, schreibe ich dir immer ein paar Zeilen. Am Sonntag fahre ich wieder auf Patrouille. Diesmal geht es in die Randbezirke von Kabul, nach Hoseya Kheyl in Bagrami. Dabei begleite ich einen unserer Gruppenführer aus meiner 5. Kompanie in Brandenburg. Er heißt Pitt und müsste in Kürze auch von mir beurteilt werden. Die Patrouille bietet sich hervorragend an, um vorher nochmal mit ihm zu sprechen. Vielleicht erinnerst du dich an die Hochzeit in Wittenberg. Dort hast du ihn kurz kennengelernt. Er ist ein feiner Kerl. Ich selbst fahre sehr gern raus aus dem Lager, weil ich glaube, dass es nichts Schlimmeres gibt, als Entscheidungen, wie meine Operationsbefehle, am Schreibtisch zu treffen.

Jetzt hat es gerade wieder angefangen zu regnen. Bei uns regnet es schon seit drei Tagen. Die Einheimischen sagen uns, dass dies bis Mitte März so bleibt. Es scheint eine Art Regenzeit zu sein. Danach beginnt ohne Übergang sofort der Sommer. Ich freue mich auf unseren gemeinsamen Sommer! Andre

*

Kabul, 05. März 2005

Liebste Sonne, es ist gerade 00:07 Uhr hier bei mir in Afghanistan, und ich bin schon ziemlich müde. Trotzdem muss ich dir heute noch ein paar Zeilen schrieben. Der Tag war wirklich aufregend, obwohl er entspannt anfing, schlafen bis 09:00 Uhr.

Als ich allerdings in die Operationszentrale kam, lag schon Stress in der Luft. Tausend Sachen mussten organisiert werden. 10:15 Uhr fuhr ich, wie geplant, mit auf Patrouille nach Bargami. Der Distrikt liegt im Südosten von Kabul. Viele Menschen leben in dieser Gegend vom Obstanbau. Deshalb gibt es dort im Gegensatz zum Rest der Stadt verhältnismäßig viel Grün. Unsere erste Station bildete eine afghanische Polizeiwache, wo wir mit dem örtlichen Kripo-Chef einen leckeren grünen Tee schlürften. Danach besuchten wir einen Richter. Auch hier erfuhren wir freundliche Aufnahme und mussten zum Mittag bleiben. Es gab Reis, Hammelfleisch, Paprika und Soße. Die Richteraufgaben übernehmen hier islamische Gelehrte. Die Urteile folgen der Scharia. Den genauen Unterschied zu unserem Rechtssystem kann ich aus dem Stegreif nicht erklären.

Als wir uns endlich, nach drei Stunden, von dem Richter lösen konnten, machten wir uns auf zu zwei örtlichen Maleks. So heißen hier die Bürgermeister. Beide waren nicht zu Hause. Also widmeten wir uns dem Verteilen von Zeitungen. Die Kinder waren ganz aus dem Häuschen und rissen uns die ISAF-Zeitung regelrecht aus den Händen. Vermutlich nutzen sie die Zeitungen zum Anheizen oder als Dämmmaterial. Die meisten können nicht lesen. 17:00 Uhr trafen wir wieder im Camp ein. Während unserer Patrouille hatte es einen Angriff auf den Flughafen gegeben. Ich musste beim Koordinieren der entsprechenden Gegenmaßnahmen unterstützen, bis eben. Nun Träume ich hoffentlich gut von dir, HDL dein Andre

*

Kabul, 06/07/08 März 2005
Hallo Catherina, heute hatte ich einen richtigen „Scheißtag". In allen Dingen war ich anderer Meinung wie mein direkter Vorgesetzter, Michael. Es kam mir vor, als seien seine Aufträge für mich reine Beschäftigungstherapie. Du weißt, dass ich bei so etwas schnell auf stur schalten kann. Außerdem hatte ich den ganzen Tag über unheimliche Sehnsucht nach dir. Der Höhepunkt war heute, als der Valentinstags-Gruß nach fast einem Monat ankam. Darüber habe ich mich dann sehr gefreut.....
So jetzt ist es 00:00 Uhr. Der neue Tag beginnt. Zurzeit komme ich nicht einmal mehr dazu, dir einen kurzen täglichen Brief zu schreiben. Dabei fühle ich mich gerade jetzt sehr weit weg von dir. Ich habe bis eben wieder eine neue Operation geplant. Morgen früh läuft sie an. Diesmal könnte es echt heikel werden. An dem Zielobjekt befinden sich mehrere feindliche Kämpfer. Unsere Aufklärungskräfte wurden leider erkannt. Ich hoffe, alle kommen gesund zurück!....

Dieser kurze Brief dauert mittlerweile drei Tage. Heute beende ich ihn. Gestern bin ich darüber eingeschlafen. Die Operation lief wie am Schnürchen. Das war die wahrste Freude für mich, den „Planer". Alle unsere Soldaten sind gesund zurückgekommen. Wir stellten eine Reihe sehr gefährlicher Minen sicher. Die Zielpersonen konnten leider fliehen. Die schnappen wir ein anderes Mal! Wir haben eine heiße Spur.

Du hast mir heute erzählt, dass die Spenden-Postkarten für das Kinderkrankenhaus da sind. Darauf freue ich mich schon riesig! Zu meinem Urlaub wird das Flugzeug vermutlich in Köln landen. Das liegt ganz schön weit weg von Werder (Havel). Aber auch das werden wir meistern. Riesensehnsucht, dein Andre.

*

Kabul, 10. März 2005

Liebste Catherina, mittlerweile haben wir beide uns einundfünfzig Tage nicht mehr gesehen. Ich muss immerzu an dich denken. Heute habe ich gleich zweimal Post von dir erhalten. Einmal einen langen schönen Brief und dann eine Postkarte aus Dresden, wo du mit Maria im Grünen Gewölbe gewesen bist. Da kann man schon echte Heimatgefühle bekommen. Ich glaube, wir beide haben eine wunderbare Heimatstadt. Es wäre schön, zusammen mit dir in Dresden zu leben.

Ich absolvierte heute einen etwas ruhigeren Tag, so dass ich schon um 20:00 Uhr auf meiner Stube im Feldhaus ankam und endlich einmal meine Sachen aufräumen konnte. Dadurch kann ich dir heute auch in Ruhe einen „ganzen" Brief schreiben.

Tagsüber plante ich zusammen mit den Franzosen eine
Operation in der Kabuler Innenstadt. Leider geben sie uns immer
nur Teilinformationen über das Zielobjekt, so dass wir
zwischendurch überlegten die ganze Aktion abzublasen. Es geht
wieder gegen ein Waffenversteck. Unser Kommandeur
entscheidet in solchen Fällen immer konsequent, und versucht
das Risiko für seine Männer auf das Notwendigste zu reduzieren.
Am Sonntag fahre ich nach Surobi, in Richtung Pakistanische
Grenze. Diese Gegend besuchte ich das letzte Mal für eine
Erkundung letztes Jahr. Eine unglaublich schöne und schroffe
Gebirgslandschaft umgibt die kleine Stadt an der Straße nach
Jalalabad und weiter Richtung Pakistan. Als schroff und
gastfreundlich kann man die Bevölkerung auch bezeichnen. In
dieser Region leben viele Paschtunen. Sie waren zu allen Zeiten
sehr wehrhaft und eigenständig.
Unser Kommandeur wollte auf jeden Fall schon die nächsten
Spenden-Postkarten bestellen. Er ist so begeistert und glaubt,
dass eintausend Stück nicht ausreichen. Ich bremste ihn erst
einmal. Eine neue Bestellung können wir ja zügig auf den Weg
bringen. So, jetzt ist meine MP3-Player-Musik zu Ende, und ich
werde schlafen gehen. Ich liebe dich, dein Andre

*

Kabul, 11. März 2005
Hallo meine Sonne, heute habe ich mich im Doppelstockbett
einmal nach oben gelegt. Ich will ausprobieren, wo es sich
besser schlafen lässt. Allerdings wird das Ergebnis dieses Tests

leicht verfälscht, weil ich heute mit deinem neuen
Kopfkissenbezug einschlafe, und er duftet wunderbar. Ich werde
sehr schöne Träume haben.

Bei uns scheint der Frühling über den Winter gesiegt zu haben,
20° C und den ganzen Tag über einen blauen Himmel, das lässt
sich aushalten. Ich nutzte das gute Wetter gleich für einen
ausgiebigen Dauerlauf. Ich glaube, auf diese Weise komme ich
noch braun gebrannt nach Hause, für heute gab es allerdings nur
Sonnenbrand. Die noch Schnee bedeckten Berge zeigen sich im
Sonnenschein von der schönsten Seite.

Ansonsten ist es zurzeit eher ruhig bei mir. Meine
Erkundungstour für Sonntag steht zurzeit auf der Kippe, da
einige Fahrzeuge und Funkgeräte kaputt sind. Die müssen erst
repariert werden. Ich freue mich schon auf unseren
gemeinsamen Urlaub, vielleicht an der Ostsee? „Ostsee" klingt
eigenartig, wenn ich mir überlege, dass es hier so wenig Wasser
gibt, und an anderen Orten so viel…

In den letzten Tagen erhielten wir viele Warnhinweise vor
Angriffen auf uns und die mit uns verbündeten Afghanen. Bisher
scheinen wir die Lage gut im Griff zu haben. Letzte Woche haben
die belgischen Kammeraden einen Angriff auf den Flughafen
abgewehrt und außerdem einige Sprengstoffrucksäcke
sichergestellt. Außerdem haben wir einige Waffenverstecke
ausgeräumt. Allerdings wirken einige Afghanen, mit denen wir
zusammenarbeiten, sehr suspekt. Viele von ihnen sind
vermutlich Mörder und extreme Gangster, welche ihre Nächsten
ausbeuten, auf teilweise sehr infame Weise. Ich hoffe, dass wir
trotzdem das richtige tun. Die Menschen scheinen die Deutschen

zu mögen, im Unterschied zu den Amerikanern und Briten. Die mögen sie sicher nicht. Leider kommen wir meist nur mit leeren Händen zu den Menschen. Unser wichtigstes Gut ist eben Sicherheit. Bis morgen Catherina, ich finde es beeindruckend, wie du in Werder (Havel) den „Laden" schmeißt! HDL Andre

*

Kabul, 12. März 2005
Hallo meine Sonne, heute sende ich dir einmal diese schöne Postkarte mit Blumen. Ich empfinde sie deshalb so schön, weil es hier keine Blumen gibt, zumindest habe ich noch keine gesehen. Mein heutiger Tag war wieder sehr arbeitsreich. Mittlerweile sind schon dreiundfünfzig Tage in Afghanistan vergangen. Die Zeit rennt!
Morgen ist Sonntag. Die Surobi-Patrouille ist leider endgültig abgesagt, weil wir das Fahrzeug bis morgen nicht instandsetzen können. Also werde ich morgen meinen ersten „Recreation-Tag" nach zwei Monaten wahrnehmen. Das heißt, ich werde schön ausschlafen, danach in aller Ruhe Frühstücken und Sport genießen und erst ab 13:00 Uhr wieder an die Arbeit gehen. Am Nachmittag werde ich jetzt eine andere, kurze Patrouille nach Kabul begleiten.
Unser Telefonat hat mich heute sehr aufgemuntert. Es ist schön, mit dir zu sprechen. Ich freue mich schon, eine deiner neuen Visitenkarten zu bekommen. Ich melde mich bestimmt… :)
Ich liebe dich, Dein Andre

*

Kabul, 13. März 2005

Meine große Liebe, heute war Sonntag in Kabul, und es war der erste, wo ich dies auch gemerkt habe. Ich habe in meiner frisch gewaschenen Bettwäsche bis 10:00 Uhr geschlafen, dann bin ich eine Stunde laufen gegangen. Mit René aß ich zusammen lecker Mittag. Er hatte letzte Nacht in der Sunshine Bar richtig gefeiert, das ist die Betreuungseinrichtung der Sanitäter im Camp Warehouse. Ich war bis jetzt noch kein einziges Mal dort. Irgendwie reizt es mich nicht, anzuschauen, wie ein Haufen von einhundert notgeilen Kerlen versucht, die zwei einzigen anwesenden weiblichen Soldaten anzugraben. Nachmittags ging es bei uns auch recht gelassen zur Sache. Ich schrieb einige Unterstützungsanträge und habe alte Lagekarten abgeglichen. Eigentlich wollte ich in Surobi sein, aber so ein Entspannungstag war auch mal wieder nötig. Ich werde nächste Woche wieder raus fahren.

Unser Kommandeur war heute in der Innenstadt zum Essen eingeladen. Es war eine beträchtliche Anzahl von Männern notwendig, um den Termin gegen Angriffe abzusichern. Wir hatten fast vierzig Soldaten im Einsatz. Sehr gut bei dieser Aktion war für uns die Folgeeinladung zu einer Jagd in den Bergen. So werde ich am 26. März zusammen mit einigen Einheimischen und meinem Vorgesetzten auf Pirsch gehen. Ich denke, das wird ein tolles Erlebnis. Andre in Afghanistan auf der Jagd, nicht auf Terroristen sondern auf Wild :)

Ansonsten hat bei uns endgültig der Sommer angefangen. Heute hatten wir um die 28° C im Schatten. Eine sehr angenehme

Sache, nur beim Laufen hatte ich so meine Probleme mit der
Hitze. In den letzten Tagen habe ich viel über meine Idee mit
dem Frühstücksservice nachgedacht. Ich glaube, mit deiner
Unterstützung kann so etwas zum Erfolg werden. Mal sehen,
was unsere Zukunft so bringt. Ich liebe dich Catherina, dein
Andre

*

Kabul, 15. März 2005
Allerliebste Catherina, ich habe gerade eine SMS von dir
bekommen, in der du mir von den schönen Sachen schreibst, die
du bei IKEA gekauft hast. Ich freue mich schon riesig, wieder in
unserer schönen Wohnung / unserem Liebesnest mit dir
zusammen zu sein.
Ich war heute in Surobi, zur Vorbereitung einer neuen Operation
gegen Waffenverstecke. Eine aufregende Strecke ist das! Links
und rechts der Straße befinden sich gewaltige Berge und tiefe
Täler. Durch die mittlerweile höheren Temperaturen und den
reichlichen Regen der letzten Monate grünt es überall in der
harten Stein und Lehmlandschaft. Dies ist nicht nur für mich,
sondern auch für die Afghanen ein Zeichen der Hoffnung. Wir
wurden wieder überall sehr freundlich aufgenommen. Friede,
Freude, Eierkuchen ist allerdings noch lange nicht alles. Gestern
wurden einige unserer Jungs vor einer Moschee mit Steinen
beworfen und letzte Woche hatten wir gleich mehrere
Schießereien in der Kabuler Innenstadt. Es wurde
glücklicherweise keiner unserer ISAF Soldaten verletzt.

Allerdings wurde ein britischer Zivilist auf offener Straße ermordet. Er war bei der Drogenanbau- Bekämpfungseinheit aktiv. Du brauchst aber keine Angst um mich haben. Ich fahre nur ein / zweimal die Woche raus. Diese Patrouillen sind immer sehr gut geschützt. Als ziviler Reisender würde ich sicher einen großen Bogen um dieses Land machen. Heute habe ich eine E-Mail von Frau Niehuss, der Präsidentin der Bundeswehruniversität, bekommen. Sie hat sich sehr über meinen „sehr ausführlichen" Brief gefreut. Außerdem kennt sie eine wissenschaftliche Direktorin am Militärgeschichtsinstitut in Potsdam wohl sehr gut. Sie will sich für mich einsetzen. Es wäre echt toll, wenn ich in Potsdam so nah bei dir arbeiten könnte. Tausend Küsse, dein Andre.

*

Kabul, 16. März 2005
Catherina, heute habe ich von verschiedenen Seiten wieder sehr viel Lob für deine Postkartenentwürfe geerntet. Die Frau Dechenreiter begeisterte sich so sehr dafür, dass sie die Karten auch für ihre Stiftung nutzen möchte.
Heute Abend ist, so glaube ich, meine Beförderung zum Hauptmann eingetroffen. Sie hatten ein Antreten vorbereitet, dies dann allerdings kurzfristig wieder abgesagt. Mal sehen, was da so im Busch ist… Ich würde mich schon riesig freuen.
Bei uns gab es heute einen „kleinen" Minenunfall. Eines unserer Fahrzeuge ist auf eine Mine gefahren. Das passierte genau auf der Strecke , die ich gestern nach Surobi genutzt habe. Auf

*diesem Weg habe ich mich gestern mit Björn gestritten, weil er
der Meinung war, unbedingt Auto zu fahren und zu fotografieren.
Darüber war ich ziemlich sauer. Ich hatte die Verantwortung für
die Männer, und wenn wir wegen Unachtsamkeit auf eine Mine
gefahren wären, fände ich das ziemlich fahrlässig. Die Meldung
heute bestätigte mich in meiner Sensibilität bezüglich dieses
Themas. Ich glaube, er hat meine Zurechtweisung verstanden.
Leider hat meine Telefon-Bananacard heute den Geist
aufgegeben, so dass wir mitten im Gespräch unterbrochen
wurden. Ich hoffe, ich kann mir schnell eine neue Telefon-Card
besorgen, denn die Gespräche mit dir sind mir unheimlich wichtig.
Ich liebe dich, dein Andre.*

*

Kabul, 17. März 2005
*Hallo meine Sonne, heute sende ich dir vorab schon einmal
Ostergrüße. Ich habe zwar die Vorahnung, dass sie zu spät
ankommen, aber das sind wir ja mittlerweile gewöhnt.
Gestern Abend wurde ich endlich befördert. Nun hast du einen
Hauptmann zum Liebsten. Die Zeremonie war richtig schön.
Meine Jungs hatten Fackelträger aufgestellt, die Standarte von
Brandenburg war beleuchtet und die Beförderung fand vor dem,
von dir entworfenen Bataillonswappen statt. Alle Offiziere des
Einsatzverbandes waren anwesend. Danach habe ich eine
Runde ausgegeben, bei einem kleinen Empfang. Der wurde
allerdings schnell beendet, weil eine neue Operation anstand.*

Heute früh habe ich dann die internationalen Verbindungsoffiziere aus Großbritannien, Norwegen, Frankreich, Spanien und Kanada zu einem kleinen Frühstück eingeladen. Ich glaube, sie haben sich gefreut. Da ich rückwirkend zum 01. Januar 2005 befördert wurde, erwartet mich ein kleiner Geldregen. Das freut mich sehr. Ich hoffe, deine Erkältung hast du auskuriert. Pfingsten können wir wieder zusammen feiern. Ich freue mich riesig, dich wiederzusehen. In Liebe dein Andre

*

Kabul, 19. März 2005
Hallo meine Sonne, heute habe ich gleich zwei Pakete bekommen. Eines war von dir und eins war von meinen Eltern. Ich habe mich über beide riesig gefreut und gleich mit der Schlemmerei angefangen. Die ersten beiden Leckerbissen waren dein Käse und die Schachtel Holloren-Kugeln.
Gestern war ich noch bei Martin. Er hatte seine Beurteilung bekommen und war sehr unzufrieden. Ich hoffe, dass ich ihm einige gute Tipps geben konnte. Mal sehen, ob sein Chef die Beurteilung noch ändert. Am schönsten war, dass er mir ein Video zeigte, in dem du mit Emilia herumalberst. Leider ist die SMS Verbindung wieder gekappt, sonst hätte ich dir gleich gestern Abend davon erzählt.
In unserem Gebiet, um Kabul herum, sieht es gegenwärtig nicht ganz so rosig aus. Letzte Nacht beschossen Aufständische innerhalb unseres Verantwortungsbereichs kanadische Kameraden. Sie hatten Glück. Die Geschosse prallten am Turm

des gepanzerten Fahrzeuges ab und verfehlten den
Kommandanten, der herausschaute, nur knapp. Ich verspreche
dir, dass ich immer auf mich aufpasse. Ansonsten steht am
Wochenende das afghanische Neujahrsfest an, Nimroz. Dadurch
gab es mal wieder viel Planungsarbeit für mich. Morgen ist
Sonntag, da werde ich ein wenig länger von dir träumen. Große
Liebe, dein Andre.

*

Kabul, 21.März 2005
Allerliebste Catherina, gestern war endlich Frühlingsanfang. Hier
in Afghanistan ist dies gleichzeitig das Neujahresfest. Dadurch
herrschte heute auf allen Straßen Feierstimmung. Viele
Menschen versammelten sich an den Moscheen und im
„Olympiastadion". Am Abend werden viele versuchen, auf den
Höhen Feuer zu entzünden und das neue Jahr zu begrüßen.
Sehr schön war, dass alles friedlich blieb. Die einzige traurige
Nachricht kam vom TV-Hill, dem Berg in der Mitte von Kabul.
Dort trat ein Mensch auf eine Antipersonenmine und verlor sein
Bein. Martin war vor Ort.
Ansonsten planen wir diese Woche wieder eine Reihe von
Operationen. Dadurch bin ich sehr beschäftigt. Neben der
Absicherung der Feierlichkeiten zum neuen Jahr wollen wir noch
ein, zwei, drei Waffenverstecke ausräumen. Außerdem sichern
wir die Eröffnung einer Schule ab, zu dessen Besuch der
ehemalige afghanische König angekündigt ist.

Heute erhielt ich eine Mail von Marika. Sie hat sich von Ihrem Marco getrennt und ist jetzt mit einem neuen Freund aus Bayern zusammen. Sie scheint ziemlich glücklich zu sein. Ich werde ihr mal antworten. Zum Nachdenken komme ich gegenwärtig kaum noch. Ich freue mich so sehr auf dich und hoffe, die Zeit vergeht wie im Fluge. Auch zum Lesen habe ich kaum noch Zeit. Das einzige, was ich mir heute Abend mal gönne, ist ein Filmabend mit den Doku-Filmen von meinem Vater. So meine Sonne, jetzt bin ich total müde und werde schlafen. Große Liebe, dein Andre.

*

Kabul, 22. März 2005

Allerliebste Catherina, heute erhielt ich den Auftrag als Führer eines kleinen Spähtrupps in die Berge zu marschieren und dort ein Waffenversteck aufzuspüren. Alle anderen werden auf uns an einem Basislager warten und mit Hubschraubern nachkommen, sobald wir etwas finden. Meine Planungen dafür gehen nun schon fast zwei Wochen, und ich bin froh, selbst den Plan ausführen zu dürfen. Für diese Aktion habe ich mir nur die besten Männer aus meiner 5.Kompanie ausgesucht. Leider kann ich dir davon am Telefon nichts erzählen.

Heute fuhr ich nach Kabul auf den Flughafen und danach zu den Amerikanern nach Bagram. Die hausen nicht viel besser als wir. Langsam wird es hier Sommer, oder zumindest erst einmal Frühling. An vielen Stellen kommt sogar die Farbe Grün durch. Das macht die Gegend deutlich freundlicher.

Dass wir beide uns mittlerweile SMS schreiben können, finde ich klasse. Das ist wieder eine Verbindung mehr zu dir. So meine Sonne, mittlerweile ist es 01:00 Uhr morgens, und ich muss jetzt schlafen. Große Sehnsucht, Dein Andre.

*

Kabul, 25. März 2005

Hallo meine Sonne, heute Abend sitze ich wieder in meinem Bett und schreibe dir mit leichten Kopfschmerzen einen Brief. Die letzten drei Tage habe ich dir keinen Brief geschrieben, weil ich in den afghanischen Bergen einen Spähtrupp zu Fuß mit sechs Soldaten führen musste. Aber der Reihe nach!

Ich plane schon seit zwei Wochen zwei Waffenlager in der Provinz Surobi zu zerstören. Der eingesetzten Kompanie misslang der erste Versuch, weil sie das Gelände nicht mit ihren Fahrzeugen erreichten. Außerdem muss man einen Fluss überwinden, um in das Gebiet zu gelangen. Der führt zurzeit so viel Wasser, dass mit Fahrzeugen keine Überquerung möglich ist. Als eine Nacht vor Beginn der Operation der Chef der eingesetzten Kompanie den Fluss überqueren wollte, fuhr er sich fest. Wir mussten ihn umständlich bergen. Eben jener Chef weigerte sich dann, meine Planungen umzusetzen. Ich wollte mit einem ganz kleinen Trupp von Spezialisten zu Fuß das Waffenlager erkunden, und wenn es gefunden ist, mit Hubschraubern die restlichen Soldaten nachholen. Er hielt die Idee mit dem Spähtrupp für zu gefährlich. Also habe ich selbst die Führung des Trupps übernommen. Wir haben mehr als 440

Granaten und viele hundert Schuss Leichtgeschütz-Munition
gefunden. Als wir die Verstecke gefunden und einen
Hubschrauberlandeplatz erkundet hatten, und er abgesichert war,
haben wir die Hubschrauber mit den restlichen Soldaten
einfliegen lassen. Danach haben wir an Ort und Stelle alles in die
Luft gejagt. Ich glaube, die meisten Einheimischen waren sehr
froh, dass das Mist-Zeug weg ist. Sie waren wieder höflich zu
uns. In den Dörfern, durch die wir marschierten, wurden uns Tee
und auch Früchte angeboten. Meist habe ich einen kleinen
Schluck getrunken und einige Worte gewechselt. Dabei
unterstützen mich unser Sprachmittler und ein alter
Mudschahedin, die aus der Gegend stammen. Bei der
Sprengung sind im Dorf einige Scheiben zu Bruch gegangen. Ich
habe den Leuten 20 $ gegeben, damit sie sich neue kaufen
können.

Als alles vorbei war, sind wir mit den Hubschraubern, Black
Hawks der Türken, wieder ins Basislager geflogen. Ich war sehr
froh, als alle wieder gesund am Boden waren. Erst letzte Woche
waren die Kanadier auf der Jalalabad-Straße unter Beschuss
geraten, keine fünf Kilometer von unserem Operationsgebiet.
Außerdem fuhr eines unserer Fahrzeuge auf eine
Antipersonenmine. Nach der Operation war ich total fertig und
auch überglücklich, deine Stimme heute wieder am Telefon zu
hören. Von dem Ausflug in die Berge Afghanistans habe ich
einige Bilder, vor allem von der wackeligen Fußgänger-
Holzbrücke über den Fluss. Das alles hat mich sehr an unseren
Nepal-Trip erinnert. Außerdem habe ich das erste Mal in meinem

Leben einen Skorpion gesehen, ich hätte mich beinah daraufgesetzt...

Ein ganz anders Thema, deine Bewerbung in Berlin Kreuzberg scheint ja recht vielversprechend zu sein. Ich bin sehr gespannt, was sich ergibt. Große Liebe, dein Andre

*

Kabul, 26. März 2005

Hallo meine Sonne, heute Abend habe ich mir einmal einen alten „Spiegel" durchgelesen, auch mal wieder schön. Das Highlight des heutigen Abends war allerdings das Paket von Victoria. Bei mir wird es damit morgen oder übermorgen mal wieder einen italienischen Abend geben. Große Vorfreude!!!

Zurzeit stehe ich noch unter dem Eindruck der erfolgreichen Operation in Surobi, von der ich dir gestern geschrieben habe. Dabei hat meine etwas forsche Herangehensweise fast für diplomatische Verwicklungen gesorgt. Ich war während der Operation mit meinem Spähtrupp fast sechs Kilometer außerhalb des Verantwortungsbereiches von ISAF. Dadurch konnte ich das zweite Munitionslager auch nicht, wie das erste in die Luft sprengen. Das erste Lager / Versteck lag zwar auch außerhalb, aber ich habe mir gesagt, das Zeugs muss trotzdem weg. Ich denke, es war eine gute Entscheidung. Ob ein deutscher Soldat den ISAF-Verantwortungsbereich verlassen darf, kann ich eigentlich nicht selbst entscheiden. Na ja, das war mir in dem Fall egal.

Heute hatten wir ein ganz ähnliches Problem. Vierzehn Kilometer südlich von unserem Verantwortungsbereich in der Provinz Logar, sind fünf US-Soldaten auf eine Panzerabwehrmine gefahren. Vier waren sofort tot, einer schwerverletzt. Für die Bergung und Rettung der Jungs wollten die US-Truppen unsere Unterstützung. Bis das jemand in Berlin genehmigt hätte, wäre alles zu spät gewesen. Gott sei Dank wurde eine andere Lösung gefunden. Die Esten übernahmen den Auftrag. Sie waren näher an dem Ort des Angriffs.

So genug Schauergeschichten für heute. Ich freue mich schon riesig auf dich. Nur noch sechs Wochen bis wir uns wiedersehen. Große Liebe, dein Andre.

*

Kabul, 27. März 2005

Meine große Liebe, heute war Ostersonntag, und nach dem ich gestern mit dem Paket von Victoria gesegnet war, gab es heute früh noch ein Osterei + Schokoladenhase. Trotzdem wäre mir deine Nähe lieber gewesen. Ich hoffe, dass die nächsten sechs Wochen bis zu unseren Wiedersehen schnell vergehen. Eigentlich wollte ich heute wieder mit auf Patrouille fahren. Letztlich habe ich mich aber doch für Ausschlafen, Sport und meine Arbeit entschieden. Es ist wieder viel zu tun. Zurzeit plane ich den Zugriff / die Festnahme von drei Terroristen zur gleichen Zeit. Eine echte Herausforderung, da eine der Personen auch noch im britischen Bereich lebt. Na ja, Hauptsache ich habe viel Arbeit, dann vergeht die Zeit auch schnell.

*Mit dem Lesen der Bibel bin ich letzter Zeit kaum voran
gekommen. Das einzige, was ich regelmäßig für mich tue, ist
Briefe an dich zu schreiben. Das ist immer ein wenig so, wie die
Seele befreien. Heute früh haben René und ich unsere Bude auf
den Kopf gestellt und alles gründlich sauber gemacht. Das war
gut. Die neue, saubere und ordentliche Stube haben wir heute
Abend für ein gemütliches Glas Rotwein genutzt.
Die nächste Woche wird sehr spannend. Wir haben vier Tage
lang das Fernsehen des RBB da. Die wollen eine fünfundvierzig
minütige Reportage über unseren Einsatz drehen. Außerdem
findet ein großes Malek-Treffen (Ortsvorsteher) im Bereich
Surobi statt. Am Dienstag fahre ich schießen. Ich muss ja in
Übung bleiben. Große Liebe, dein Andre.*

*

Kabul, 28. März 2005

*Hallo Catherina, heute ist ein trauriger Tag. Bei uns explodierte
heute Nachmittag eine Bombe auf dem Weg vom Lager in die
Stadt. Sie sollte kanadische Soldaten und den Botschafter treffen.
Verletzt wurden jedoch drei Afghanen. Einer von ihnen sehr
schwer, so dass er zurzeit mit dem Tod ringt. Gestern erst wurde
in der Stadt einer von Karsai´s Sicherheitstruppe erschossen.
Das Problem bei allen diesen kleinen Nadelstichen ist, dass man
kaum einen Täter dingfest machen kann. Na ja, irgendwann
kriegen wir die schon.
Ansonsten hatte unser Kommandeur heute Geburtstag. Er ist
zweiundvierzig Jahre alt geworden. Wir haben für ihn ein*

schönes Frühstück vorbereitet und ihm eine Kiste Wein geschenkt. Ich glaube, er hat sich sehr gefreut. Am Abend gab es dann noch einen großen Empfang, wobei er sagte, dass er keine Geschenke haben wolle, sondern lieber Spenden für das Irene-Salimi-Kinderkrankenhaus. Bei der Eröffnung hat er dich und deine gestalterischen Fähigkeiten gelobt und dein Engagement für die Spendenpostkarten und die Ausstellung herausgehoben. Da war ich total stolz auf dich. Allein heute Abend haben wir einhundertzwanzig Karten verkauft. Echt toll!!! Micha hat mir auch einen Brief geschrieben und Alex eine Mail. Alex habe ich schon geantwortet. Ich muss endlich Micha, Stefan, Rudi, Thomas… mal ein paar Grüße zukommen lassen. Aber irgendwie komme ich einfach nicht dazu. Morgen werde ich es angehen. Große Sehnsucht und tausend Küsse für dich, dein Andre.

*

Kabul, 30. März 2005
Hallo meine Sonne, wir hatten die halbe Nacht durch eine Alarmübung. Heute früh habe ich mich wieder mit meinem Vorgesetzten Michael gefetzt. Er erzählt immer, ich würde morgens zu spät kommen, weil ich nicht schon eine halbe Stunde vor der verabredeten Zeit in der OPZ bin. Das war mir heute zu viel, und ich habe ihn zur Rede gestellt. So richtig eingesehen hat er es nicht. Das ist mir aber egal. Das Wichtigste ist, ob ich meine Aufgabe erfülle oder nicht. Ich erfülle sie!

Dich habe ich heute Abend am Telefon erwischt. Ansonsten war heute ein recht ruhiger Tag. Micha habe ich einen Brief mit einer Postkarte von dir geschrieben. In deinem letzten Brief war deine neue Visitenkarte drin, echt toll! Ansonsten habe ich heute einige Runden im Feldlager gedreht. Zum Laufen wird es allerdings langsam ein wenig zu heiß und vor allem zu staubig. Es tut trotzdem gut. Man kommt einmal raus und weg von der OPZ. Abschalten ist total wichtig.

Heute Abend bekamen wir Meldungen, dass gegnerische Raketen in Stellung gebracht wurden, um die Innenstadt zu beschießen. Ich hoffe, unsere Jungs sind schnell genug. Ich möchte diese Nacht einmal durchschlafen.

Noch knapp sechs Wochen bis zum Urlaub. Ich liebe dich Sonne!!! Dein Andre

*

Kabul, 31. März 2005

Hallo Sonne, der März geht heute zu Ende, und die Sonne scheint nun auch hier immer intensiver.

Mittlerweile gestaltet sich der Dienst in diesem verrückten Land immer weniger aufregend. Viele Dinge die im November letzten Jahres bei mir einen Kulturschock auslösten, sind tägliche Normalität. Die erdrückende Armut, Härte und Ausweglosigkeit stehen mittlerweile als scheinbar unverrückbare Größen im Leben von allen hier. Wenn ich über unser Tun hier nachdenke, fühlt man sich oft wie ein Don Quichote, der gegen Windmühlen

kämpft. Das Schönste hier ist, wenn dir Menschen freundlich begegnen. Das ist, glaub ich, für jeden Menschen wichtig.
Heute war Zahltag. Das Geld, was hier durch den Einsatz hereinkommt, können wir beide gut gebrauchen. Vielleicht ist es ja das Dach für unser gemeinsames Haus. Wer weiß das schon. Ich muss so bald wie möglich wieder heraus aus dem Feldlager. Drinnen ist es zwar recht gemütlich, aber man geht sich untereinander nach ca. 75 Tagen doch das eine oder andere Mal auf den Geist. Wobei bisher alle sehr gut miteinander umgehen können. Ich glaube, dass liegt nicht zuletzt daran, dass wir aus Brandenburg nur die mitgenommen habe, bei denen wir ganz sicher waren, dass sie es schaffen. Die Jungs hier müssen nicht nur fachlich sehr gut sein, sie müssen auch tolerant untereinander sein.
Ich überlege zurzeit, einen Antrag für die Berufssoldatenlaufbahn zu stellen. Dann könntest du weiter freiberuflich arbeiten, und wir hätten ein kleines aber sicheres Gehalt. Bis morgen meine große Liebe. dein Andre

April 2005

Kabul, 01. April 2005

Hallo meine Sonne, ich liege schon im Bett und bin sehr müde.
Trotzdem kann ich nur richtig gut schlafen, wenn ich dir noch
einen kleinen Brief schreibe. Mein Tag war sehr ausgefüllt.
Wobei ich am Ende merke, dass trotz viel Geschäftigkeit die
Ergebnisse nicht immer nur herausragend sind.
Wie du es so schaffst, dich alleine in Werder (Havel) zu
motivieren, bewundere ich. Du bist für mich in vielen Dingen ein
echter Leitstern.
Ich kann mir mittlerweile vieles vorstellen. Einmal ein Leben als
Berufssoldat, aber auch einen Wechsel in die Selbständigkeit.
Ich glaube, die Idee mit dem Frühstücksservice ist gar nicht so
schlecht. Mal sehen, was so aus uns beiden wird. Eines ist sicher,
mit dir und mir wird es nie langweilig.
Es wird toll sein, wieder auf dem Balkon in unserem Liebesnest
zu sitzen. Vielleicht kaufen wir uns dann richtig schöne
Liegestühle. Wir werden eine schöne Zeit haben! Große
Sehnsucht. Dein Andre

*

Kabul, 02. April 2005

Liebste Catherina, heute war wieder ein relativ ruhiger Tag. Ich
konnte in Ruhe zwei langweilige Absicherungsoperationen
planen und ein wenig Sport treiben. So hatte ich heute auch ein
wenig Zeit, mich in die Sonne zu setzen und über Gott und die

Welt nachzudenken. Ich dachte an Dresden während der Wende und den Fall der Mauer, wo ich als Kind einige Demonstrationen erlebte. Speziell am Hauptbahnhof war damals viel los. Ein Polizeiauto zündeten die Demonstranten an und sangen dabei die „Internationale", skurril oder? Am nächsten Tag waren am Bahnhof fast alle Scheiben eingeschlagen. In den Wochen danach sah ich Helmuth Kohl an der Ruine der Frauenkirche über die Einheit Deutschlands sprechen. Verstanden habe ich das damals nicht. Es war aber spannend für mich als Kind. Ich dachte auch an unsere Trekkingtour in Nepal. Ich weiß noch genau, wie wir ausgerechnet am 11.September 2001 in Kathmandu angekommen, die halbe Nacht die Bilder vom zerstörten World Trade Centre auf CNN anschauten. Nun bin ich in Afghanistan und kämpfe gegen diese Taleban, schon verrückt! Gedanken… Gedanken…Gedanken…

Heute besuchte uns Babakaheyl, ein afghanischer Stammesführer. Er ist eine der Schlüsselpersonen innerhalb seines Stammes, welcher zu der Volksgruppe der Paschtunen zählt. Diese wiederum unterstützten mehrheitlich die Taleban. Er tut das offensichtlich nicht. Babakaheyl ist ein sehr angenehmer, ruhiger und bedächtiger Mensch. Er hat riesengroße Hände und wirkt sehr gepflegt. Auf ihn hören die Einheimischen, was sehr helfen kann. Michael und mich hat er für nächste Woche zur Jagd eingeladen. Ich freu mich drauf, vielleicht klappt es ja diesmal… Bis Morgen, Dein Andre.

*

Kabul, 03. April 2005

Hallo meine große Liebe, gestern Abend, als ich schon im Bett lag, bekam ich eine SMS von dir. Du hast mich gefragt, ob ich dich heiraten will. Das war offenbar eine gemeinsame Idee über mehr als 5000 km Entfernung hinweg, denn ich hatte an dem Abend den gleichen Gedanken. Ich freu mich auf den Urlaub, dann können wir gemeinsam auf dem Standesamt und beim Pfarrer vorbeischauen. Ich bin sehr gespannt auf zuhause, wie alles so aussehen wird. Wahrscheinlich werde ich erst mal richtig ausschlafen.

Heute bin ich erst um 11:00 Uhr aufgestanden, weil es Sonntag war. Habe danach in aller Ruhe geduscht und ein leckeres Mittag gegessen. Es gab Reis mit Putenschnitzel und dazu Gemüse mit Tomatensoße.

Als ich in die OPZ kam, stapelte sich schon die Arbeit auf meinem Tisch. Außerdem hatte ich gefühlte tausend Anrufe, so dass ich gleich richtig ins rotieren kam. Irgendwie habe ich es jedoch bis zum Abend geschafft, alles abzuarbeiten.

Gestern Nacht ist der Papst gestorben. Von den vielen Reportagen habe ich allerdings nur am Rande etwas mitbekommen. Er war sicherlich eine Schlüsselperson des Kalten Krieges und sicher mitverantwortlich für den Fall der Mauer. Jetzt ist er sicher bei seinem Gott.

Am Abend besuchten uns drei afghanische Generale. Die sahen alle wie Verbrecher aus. Ich möchte lieber nicht wissen, wie viele Menschenleben die auf ihrem Gewissen haben. Sie tragen eigenartige Uniformen und sehen aus wie aus einem Horrorkabinett, tief liegende Augen, dunkle Bärte, fleischige

Gesichter und immer einen listigen Blick. Ich traue ihnen keinen
Meter. Sie sind das ganze Gegenteil zu den Menschen in den
Bergdörfern bei meinen Aufklärungspatrouillen. Nun gut, bis
Morgen, ich liebe dich und freue mich auf unsere Hochzeit.
Andre

*

Kabul, 04. April 2005
Hallo meine Sonne, mein Tag war sehr geschäftig. Erst war ich
bei einem Meeting mit einigen Verbindungsoffizieren, und
danach hat mir ein Fremdenlegionär noch einen Cappuccino
ausgegeben. Ich erzählte ihm die Geschichte von meiner Tante
Dita und über ihr Leben in Paris. Er schien allerdings nicht
wirklich interessiert. Bei diesen informellen Gesprächen gelingen
mir die besten Absprachen für unsere Aktionen. Am Nachmittag
bereitete ich ein Meeting mit den Entwicklungshilfeorganisationen
in unseren Verantwortungsbereich vor. Es geht vor allem um den
Bau von Schulen, Krankenstationen, Brunnen, Wasserdämmen,
Wasserleitungen und die Bereitstellung von Schulmaterial. Dabei
war es heute vor allem meine Aufgabe, alle Akteure an einen
Tisch zu bekommen, die uns in diesem Bereich helfen könnten.
Speziell die Amerikaner verfügen über sehr hohe finanzielle
Mittel für diese Aufgaben. Insgesamt haben wir heute Projekte
für über eine Million Dollar vereinbart. Ich bin gespannt, wie viele
davon wirklich umgesetzt werden.
Auf unseren Urlaub freue ich mich schon riesig. Ich freue mich
auch riesig auf unsere Wohnung. Heute Mittag ließ ich das

Kantinenessen ausfallen und kochte mir Spagetti + Pesto. Du
kannst Victoria und Philipp noch mal „Danke" für ihr Care Paket
sagen. Das war ein super leckeres Mittagessen. Bis Morgen,
Dein Andre.

*

Kabul, 05. April 2005
Hallo meine Sonne, heute sind 77 Tage geschafft, und wenn
dieser Brief bei dir ankommt, wird die Hälfte unserer
Trennungszeit vorbei sein. Leider habe ich dich heute am
Telefon nicht erreicht. Schade!!! Morgen kommen unsere
Nachfolger zur Einweisung ins Einsatzland. Das Erinnert mich an
meine Erkundung letzten November. Die Neuen werden
allerdings nicht so viel Zeit wie wir in Kabul verbringen. Damals
war alles für mich außergewöhnlich beeindruckend. Eine echte,
tief Impression, die wir auch unseren Nachfolgern mitgeben
wollen.
Ich selbst werde am Donnerstag mit nach Khak e Jabbar,
Richtung Pakistan ins Hochland auf Patrouille fahren. Da freue
ich mich schon drauf, denn ich war dort schon sehr lange nicht
mehr. In dieser Gegend werde ich nach neuen Projekten, wie
einem Staudamm und mehreren Schulen schauen. Außerdem
bin ich gespannt, was die Dorfältesten (Maleks) so neues
erzählen. In der letzten Zeit war bei uns sehr viel los. Vielleicht
wissen die Alten etwas über die „Feinde", die Ärger machen und
Bomben legen.

*Ansonsten habe ich mir heute Musik von deiner CD
heruntergeladen und sitze gerade im Bett mit Stift und Zettel in
der Hand. Die Briefe an dich sind mir mittlerweile ein richtiges
Bedürfnis geworden.*
*Du schreibst mir gerade von einem Tief. Ich glaube, jeder hat von
Zeit zu Zeit ein Tief. Heute war neben dir noch René dran. Ich
habe lange mit ihm gesprochen. Ich wäre jetzt so gern bei dir.
Große Liebe, Dein Andre*

*

Kabul, 06. April 2005
*Hallo meine Sonne, für Björn war heute ein guter Tag. Er wird
nun auch seine Offizierslaufbahn einschlagen können. Nach dem
Einsatz beginnt er eine dreijährige Ausbildung und kann danach
Leutnant werden. Außerdem habe ich heute eine E-Mail von
Thomas bekommen. Darüber habe ich mich sehr gefreut und ihm
gleich zurückgeschrieben. Ihm geht es soweit ganz gut.
Berufssoldat will er jedoch nach seinem Kosovo Erlebnissen
nicht mehr werden.*
*Bei uns sind heute unsere Nachfolger angekommen. Wir wollen
ihnen möglichst viel von Land und Leuten zeigen. Mein
Nachfolger kommt aus dem Bataillon von Hirschi und Bernd, aus
Mellrichstadt. Er scheint ganz umgänglich zu sein.*
*Morgen geht es endlich wieder auf Patrouille. Ich muss
regelmäßig draußen bei den Leuten sein. In den Camps
bekommst du auf Dauer einen Lagerkoller. Die Gegend, wo wir
morgen hinfahren, ist ein sehr karges und armes aber*

wunderschönes Hochland. Es liegt Richtung Pakistan und beherbergt neben ganz wenigen alten, sturen Terroristen vor allem unheimlich gastfreundliche Menschen. Diese haben bei mir schon beim letzten Mal einen tiefen Eindruck hinterlassen, mit ihren wettergegerbten und braun gebrannten Gesichtern. Dabei werde ich gleich meinen Nachfolger dabei haben und ihm einiges über die Arbeit erzählen. Bis morgen, ich freue mich auf dich.

*

Kabul, den 07. April 2005

Heute war ich auf Patrouille in Khak-e-Jabbar. Wir fuhren gegen 08:00 Uhr los und verlegten als erstes an den Ortsausgang von Kabul. Auf der Jalalabad-Straße war es recht ruhig. Dafür tobte den ganzen Tag über ein heftiger Sandsturm. Ich bin fast die ganze Zeit über mit Schutzbrille gefahren, zumal wir in einem offenen Mercedes Geländewagen unterwegs waren. Hinten war mein Nachfolger mit aufgesessen. Ich habe ihm alles gezeigt und erklärt. Ich glaube, er konnte einen guten Eindruck von Land und Leuten bekommen.

Auf jeden Fall sind wir danach in Richtung Hochebene gefahren. Durch den Sturm war es regelrecht kalt. Nach ca. zwei Stunden sind wir oben im Hauptort angekommen. Dort begrüßte uns eine Schar von Kindern. Dem Neuen haben sie gleich ein paar Stifte geklaut... Wir hatten gute Gespräche mit dem Polizeichef und dem Geheimdienstchef der Region. Der Polizeichef war ziemlich frustriert und sagte uns, dass es sehr schwer ist, ohne Korruption zu überleben. Er hat acht Kinder, die er irgendwie über die

Runden bringen muss. Ein sehr sympathischer Mann. Im Gegensatz dazu war der Geheimdienstchef ein schmieriger Typ, der mir keinen Augenblick in die Augen schauen konnte. Dabei habe ich vier Tassen leckeren Tee getrunken. Echt außergewöhnlich gastfreundliche Leute. Sie haben sich tausendmal entschuldigt, dass sie uns nichts Großes zum Essen anbieten konnten. Danach sind wir weiter Richtung Süd-Westen (Pakistan) durch sandiges, steiniges und kahles Hochland gefahren. Mitten in dieser lebensfeindlichen Gegend standen wir auf einmal mitten in einem Nomadenlager mit Dromedaren und Zelten. Auf den Weg in die Dörfer habe ich mir die Entwicklungshilfeprojekte, wie Schulen, Brunnen und Bewässerungsanlagen angeschaut. Nach anderthalb Stunden standen am Straßenrand ein paar Kinder und hielten ein altes Geschoss in den Händen. Wir haben es ablegen lassen und auf dem Stein eine Markierung angebracht. Den Kindern gaben wir einige Süßigkeiten. Bei nächster Gelegenheit werden unser Sprengstoffexperten das Zeug beseitigen.

Am Abend bin ich wie ein Sandmann zurück ins Lager gekommen. Ein weiterer Tag in Afghanistan. Ich liebe Dich dein Andre.

*

Kabul, 08. April 2005

Hallo meine Sonne, wenn wieder eine Veranstaltung in der Familienbetreuungsstelle stattfindet, müssen wir das Bw-Telefon nutzen. Dass in Brandenburg deine Postkarte für zwei Euro das

*Stück verkauft wird, fand ich interessant. Hauptsache viele
kaufen die Karte, so dass wir das Geld möglichst schnell
bekommen, und dem Kinderkrankenhaus helfen können.
Ansonsten war heute ein stinknormaler Tag. Ich habe ein wenig
Sport getrieben. Wobei ich das Fitnesszelt nutzen musste, weil
schon wieder ein Sandsturm alles vernebelte. Dadurch konnte
Martin auch nicht ausfliegen und hat einen Tag Urlaub verloren.
Unsere Nachfolger werden vermutlich morgen wieder ausfliegen.
Dann haben René und ich unsere kleine Bude wieder für uns.
Das ist gut so!
Ich habe mich sehr gefreut, dass Major Bahr dich vor allen bei
der Familienbetreuungsstelle gelobt hat. Das hast du auch
verdient! Die Jungs von unseren EOD (Sprengstoffexperten)
haben gestern 380 € für das Kinderkrankenhaus gespendet. So
kommen Stück für Stück neue Medizingeräte zusammen.
Nächste Woche Mittwoch werde ich in Surobi endlich auf Jagd
gehen. Mal sehen, was das für eine Sache wird. Darauf freue ich
mich schon riesig. Bis denn und tausend Küsse, dein Andre.*

*

*Kabul, 10. April 2005
Hallo meine Sonne, heute war für mich ein sehr langer Tag.
Eigentlich war heute Sonntag. Das heißt Recreation-Day und ich
hätte bis 13:00 Uhr ausschlafen können. Diese kleine Freizeit
erlebte ich heute auf einer Patrouille. Wir sind in drei Dörfer
wenige Kilometer entfernt von Kabul gefahren, um uns mit den
Leuten zu unterhalten (Gesprächsaufklärung). Außerdem wollten*

wir überprüfen, was unsere Entwicklungshilfeprojekte so machen. Im ersten Dorf, welches traumhaft an der alten Lataband-Straße liegt, wurden wir sehr freundlich empfangen. Es gab wie immer Tee mit Nüssen, alles sehr lecker. Beim grünen Tee wurden wir gleich zum Mittag eingeladen. Leider mussten wir das aus Zeitgründen ablehnen. Die Leute sind richtige Naturgestalten mit ihren ledrigen, braunen und faltigen Gesichtern. Von Kaysack fuhren wir weiter nach Chenary. Dies ist ein armer Ort mit ca. eintausend Seelen an dem Fuß eines dreitausend Meter Berges, wo das Flugzeug abgestürzt war. Hier haben wir Zeitungen und Frisbee-Scheiben an die Kinder verteilt. Auch die Sachen von dir, Victoria und Maria haben wir über den Malek an die Leute gebracht. Am lustigsten war ein kleines Fußballspiel mit den Kindern. In dieser Ortschaft gibt es allerdings auch einige ernste Probleme, weil Gebietsstreitigkeiten zwischen der sesshaften Bevölkerung und vorbeiziehenden Nomadenstämmen gewalttätig ausgetragen wurden. Beide Seiten fühlen sich betrogen, da jeder Papiere besitzt, die ihn als den rechtmäßigen Besitzer der kargen Flächen bezeichnet. Dieser Streit geht mittlerweile soweit, dass beide Parteien aufeinander scharf schießen. Wir versuchten zu vermitteln, wobei wir aufpassen müssen, nicht zwischen die Fronten zu geraten. Besonders erschreckend ist, dass die neuen Regierungsbehörden oft mit den Menschen ein falsches Spiel spielen. Korruption, Gewalt und Betrug sind bei den afghanischen Polizisten, Beamten und Soldaten regelmäßig an der Tagesordnung. Hier haben sie offensichtlich die Grundbesitzpapiere an beide Seiten verkauft.

*Zum Abschluss besuchten wir Gusfhandara. Dort wollte ich
schauen, wie weit der neue Brunnen für das Dorf ist. Leider ist
nach einer Bohrung von 80 Metern ein Teil der neuen Leitung
geplatzt. Jetzt muss alles neu gebohrt werden. Der Malek war im
Vergleich zu den anderen Dörfern deutlich unterkühlter. Er sagte
nur, dass er von uns Handys haben wolle. Manche der Afghanen
haben schnell das westeuropäische und amerikanische
Anspruchsdenken übernommen. Auf dem Weg nach
Gusfhandera sahen wir viele blühende Schlafmohnfelder auf den
kargen Steinwiesen. Sie leuchten wie rote Signale in dem
steingrau der Berge. Aus ihnen stellen die Afghanen Opium her.
Eine Blüte habe ich abgeschnitten. Ich trocknen sie für dich.
Der Abend war von Absprachen geprägt. Dabei erfuhr ich, dass
auf dem Weg nach Bagram ein US-Hubschrauber abgestürzt ist.
Wahrscheinlich gab es mehr als 18 Tote. Genaueres erzählt
gegenwärtig keiner. Aus diesen kleinen Niederlagen wird immer
ein großes Geheimnis gemacht.
Über dein Paket habe ich mich riesig gefreut. Gestern war ich
das erste Mal in der Sunshine Bar. Es gab laute Musik, zu viel
Alkohol und gierige Blicke auf die wenigen Frauen. Ich war das
erste und letzte Mal in diesem Laden.
Freu mich riesig auf dich!!! HDL Dein Andre*

*

*Kabul, 11. April 2005
Hallo meine Sonne, deine Sonnenblumenkerne sind gekeimt. Als
ich heute früh aufstand, sendeten zwei kleine Knospenköpfe ihre*

Blicke in die Welt. Wie viel Freude man am Entstehen eines solchen Lebens haben kann. Danke für das schöne Geschenk! Ich habe den kleinen Blumentopf in der Operationszentrale so aufgestellt, so dass ich jeden Tag sehen kann, wie viel die Sonnenblume gewachsen ist.

Für mich war heute ein sehr ruhiger Tag. Am Morgen gab es zwei internationale Meetings. Ich freue mich jedes Mal von neuem, wenn ich merke, dass mein Englisch besser wird.

Danach bin ich zwei Runden im Camp Warehouse gelaufen. Die Sonne hat mittlerweile eine sehr starke Kraft. Wenn ich zurück zu dir komme, sehe ich bestimmt aus wie ein Urlauber, schön braun gebrannt.

Am Nachmittag hatten wir einen Vortrag organisiert, um allen Offizieren und Unteroffizieren ein Bild von dem Kinderkrankenhaus zu vermitteln, welches wir mit Spenden usw. unterstützen. Dazu hatten wir Herrn Dechentreiter eingeladen. Am Anfang hat er sich mehrmals für die Postkartenaktion bedankt und außerdem gesagt, dass er sich bei dir melden will.

Im Vortrag erzählte er viele spannende Geschichten aus dem afghanischen Alltag der letzten zehn Jahre. Eine oftmals sehr traurige und harte Welt, wo man sich fragt, wie es Menschen zulassen können, ihren Mitmenschen so viel Leid zuzufügen. Nach dem Vortrag hatte ich mit ihm noch ein sehr interessantes Gespräch bei einer Tasse Kaffee. Er besitzt einen guten Blick für Hintergründe und Zusammenhänge. Na gut, dass soll es für heute gewesen sein. Große Liebe Dein Andre

*

Kabul, 12. April 2005

Hallo meine Sonne, heute habe ich versucht, mir einen entspannten Tag zu machen. Das hat nicht funktioniert… :) Es ist aber eigentlich auch viel besser, wenn möglichst viel los ist. Dann vergehen die Tage doppelt so schnell, und ich kann bald zu dir. Heute Abend erfuhr Björn, dass mein Flugzeug vermutlich doch in Hannover und nicht in Köln landet. Das wäre natürlich Klasse. Dann könntest du mich direkt vom Flughafen abholen. Apropos Björn! Mit ihm habe ich mich heute wieder ein wenig in den Haaren gehabt. Er ist ein richtiger Sicherheitsfanatiker. Ich denke allerdings, er bewegt sich einfach schon zu lange im Einsatzland, „Lagerkoller". Ansonsten besuchte uns heute der stellvertretende Generalinspekteur General Dieter (er ist der dritthöchste Soldat Deutschlands). Dabei wurde unsere Postkartenaktion natürlich auch platziert. Der General hat versprochen, das Projekt im Verteidigungsministerium in Berlin bekannt zu machen. Ich bin einmal gespannt, ob das etwas bringt?!

Morgen früh fahre ich wieder in die Berge. Dort führen wir zusammen mit den Afghanen einen Spähtrupp durch. Die Gelegenheit wollen wir für eine kleine Jagd auf Berghühner nutzen. Ich freue mich schon riesig auf die Pirsch, obwohl ich nicht glaube, dass wir irgendwas schießen werden. Mein Vertreter in Brandenburg, Marco, wird vermutlich Ende des Jahres Kompaniechef der 4.Kompanie. Ich freue mich riesig für ihn. Er war immer loyal, hat mir den Rücken freigehalten und die Fahne in Brandenburg hochgehalten.

Nun ist es fast nur noch ein Monat, bis zu unseren gemeinsamen Urlaub. Dein Andre

*

Kabul, 13. April 2005
Hallo meine Sonne, ich bin total müde und könnte nach diesem Tag einfach nur noch ins Bett fallen. Davor möchte ich dir aber noch von meinen Erlebnissen berichten. Heute bin ich 06:30 Uhr aufgestanden und war nach nur vier Stunden Schlaf total müde und hatte Kopfschmerzen. Um 07:00 Uhr marschierten wir Richtung Pol-E-Charki ab. Dort nahmen wir Babakaheyl auf. Er ist ein ca. fünfundvierzig Jähriger Mann und als Führer des Kaheyl-Stammes sehr anerkannt. Er lud uns zur Jagd ein und brachte auch gleich zwei Gewehre mit. Eines der beiden war leider nur ein Luftgewehr und für die Jagd unbrauchbar. Zusammen mit ihm fuhren wir entlang der Jalalabad-Road in Richtung Pakistan. Auf halber Strecke nahmen wir weitere Afghanen auf. Nach ca. zwanzig Minuten Fahrt bog der kleine Konvoi in ein Flussbett ab und folgte diesem eine Weile. Das war eine sehr krakelige Angelegenheit. Irgendwann ging es nicht mehr weiter, und wir setzten den Spähtrupp zu Fuß fort, den wir auch zur Jagd nutzen wollten… :) Sechs Stunden marschierten wir durch tiefe Täler und entlang von steilen Hängen. Dabei sahen wir nur einmal andere Menschen, einen biblisch aussehenden alten Mann mit weißem langem Bart. Er hütete seine Schafe. Während einer kleinen Pause wollten unsere afghanischen Begleiter eine kleine Schießübung abhalten. Es

war mehr ein kleiner Wettkampf, den wir klar für uns entschieden. Viel Wild gibt es in der Region nicht, auch Bäume sind nur sehr spärlich vorhanden. Also widmeten wir uns der Pirsch auf Rebhühner. Nach mehreren Anläufen schossen wir auch zwei Hühner, das heißt Michael schoss. Waldmanns Heil! Ich genoss die beeindruckende Landschaft mit ihren gewaltigen Bergen, ihrer Kargheit, welche nur durch vereinzelte kleine Dorfoasen unterbrochen wird. Am schönsten war der Ausblick von den Bergen. Ganz nebenbei entdeckten wir ein kleines Bergdorf, was uns nicht bekannt war und auch auf keiner unserer Karten eingetragen ist. Bei dem Abstieg überraschte uns ein heftiger Regenguss, der den kompletten Rückweg anhielt. Zurück bei den Fahrzeugen waren wir alle durchgeweicht bis auf die Haut. Insgesamt ein tolles Erlebnis, welches auch eine Reifenpanne auf dem Rückmarsch und ein Stau auf der Jalalabad-Road nicht mehr trüben konnte.

Am Abend lud uns Babakaheyl zu sich nach Hause in sein Lehm-Haus ein. Leider musste ich die Einladung ausschlagen. Es war zu viel Arbeit aufgelaufen. Michael und der Kommandeur nahmen die Einladung wahr. Mal sehen, ob sie sich den Magen verderben… :) Das war ein aufregender Tag. Michael und Andre mit drei Afghanen in den Bergen des Lataband, jenseits von unserer Zivilisation. Der Heimflug rückt näher. Ich liebe dich, dein Andre.

*

Kabul, 14. April 2005

Hallo Catherina, Hilfe!!! Mein MP3-Player ist kaputt. Normalerweise sitze ich jeden freien Abend im Bett und höre deine Musik. Heute wollte ich dasselbe tun. Erst ist ein Kopfhörer ausgefallen, und dann war die Batterie komplett runter. Na gut, dann muss es eben ohne Musik gehen.

Morgen werde ich mir deine Nudeln mit dem Pesto zu Gemüte führen. Das wird ein leckeres Mittagessen. Am Samstag ist große Eröffnung des Kinderkrankenhauses. Dazu sind mittlerweile Gott und die Welt auf den „Werbeträger" Kinderkrankenhaus aufgestiegen. Alle afghanischen Ministerien, die zuvor die Dechentreiters bei allen Möglichkeiten blockiert haben, spielen sich jetzt als Wohltäter auf. Ich werde bei der Eröffnung als einer der Vertreter des Einsatzverbandes anwesend sein. Am Sonntag will unser Kommandeur eine Patenschaft des Einsatzverbandes für das Kinderkrankenhaus offiziell verkünden. Nächste Woche sollen in den beiden OP-Sälen die Operationen beginnen.

Heute litt ich unter etwas Muskelkater und fühlte mich irgendwie schwach. Der gestrige Spähtrupp + Jagd waren doch sehr anstrengend, aber auch im Nachhinein ein großartiges Erlebnis. So meine Sonne, ich werde noch ein wenig in deinem Buch „Traumpfade" lesen und dann selig einschlafen. Dein Andre.

*

Kabul, 16.April 2005

Hallo meine Sonne, mein Vormittag war die reinste Katastrophe. Mein Chef der Michael denkt und handelt oftmals so etwas von unlogisch, dass es schwer ist, seine Aktionen wieder auszubügeln. Es klingt ein wenig arrogant, es ist aber wahr. Wenn ich die Planungen nicht selbst in die Hand nehme, gehen sie fast immer schief. Was mich allerdings wirklich stört ist, dass er in der letzten Zeit dermaßen unausgeglichen ist und fast jeden sofort „anschnauzt". Dagegen habe ich mich heute mal wieder gewehrt. Ich lasse mich nicht für Unsinn und aus schlechter Laune beschimpfen!

Was anderes, Oliver Türmer ist für einige Tage hier und inspiziert die Sicherheitsanlagen im Camp. Er hat sich riesig gefreut, mich wieder zu sehen. Er ist immer noch Oberleutnant, was ihn schon kränkt. Ich soll dir liebe Grüße ausrichten und habe ihn zu uns nach Hause eingeladen.

Am Abend hatten wir Besuch von zwanzig Bundestagsabgeordneten. Aus Brandenburg war Frau Voßhof dabei. Ihr habe ich als erstes deine Postkarte übergeben. Sie war sehr begeistert. Ansonsten verkauften wir allen Abgeordneten die Postkarten. Mit einer weiteren Abgeordneten, Frau Brünning, fahre ich morgen zur Eröffnung des Kinderhospitals. Dort werden wir die ersten 1000 € + Patenschaftsurkunde übergeben. Da hast du uns echt toll geholfen… Große Liebe Dein Andre

*

Kabul, 18.April 2005

Hallo meine Sonne, nun ist das Kinderkrankenhaus eröffnet. Ich hatte gestern dann doch eine andere Bundestagsabgeordnete im Schlepptau, Frau Lemke aus Schleswig Holstein. Zur Eröffnungszeremonie waren noch eine Reihe anderer „wichtiger" Leute da, z.B. der deutsche Botschafter und der afghanische Gesundheitsminister. Der Weg zum Krankenhaus gestaltete sich wieder abenteuerlich. In der kompletten Innenstadt stand der Verkehr, weil die Afghanen eine Militärparade übten und alles abgesperrt hatten. Irgendwann war mir das alles zu bunt, und ich habe einen afghanischen Sicherheitsoffizier angeschnauzt, dass wir zum Minister müssten. Danach hatten wir freie Fahrt… :):)

Nach den langweiligen Eröffnungsreden hatten die Dechentreiters ein afghanisches Kulturprogramm organisiert. Dabei zeigten eine Musikgruppe, ein Kinderchor und eine Theatergruppe ihr Können. Das war eine echte Abwechslung für unser eher tristes Soldatenleben. Die Namensgeberin für das Krankenhaus war auch dabei, Irene Salimi. Sie ist eine sehr selbstbewusste, drahtige und weißhaarige Frau. Sie wird von einigen als „die Mutter der Deutschen von Kabul" bezeichnet. Während der Taleban-Zeit hielt sie alleine in der Deutschen Botschaft aus und verhinderte so die Plünderung. Eine beeindruckende Frau!

Die Übergabe der Patenschaftsurkunde und des 1000 € Schecks verlief in einer sehr schönen Atmosphäre. Ich ließ zwei Tische im grünen Garten des Geländes aufstellen und stellte zwei Vasen mit roten Tulpen drauf. Unser Kommandeur hatte zusätzlich noch ein gefundenes Hufeisen dabei und verschenkte es als Glücksbringer.

Diese Woche nenne ich die griechische Woche, weil ich alle vier Operationen, die wir diese Woche durchführen, griechische Namen gegeben habe (Odysseus, Helena, Akropolis, Olymp). Alle diese Operationen richten sich gegen Waffenverstecke der Aufständigen. Morgen werde ich eine der Operationen vor Ort begleiten, zusammen mit einer französischen Spezialeinheit. Mein Vorteil, ich kenne das Gelände von einer früheren Operation recht gut. Mal sehen, ob es klappt. Für mich bedeutet das viel Vorbereitungsarbeiten.

Am Sonntag organisiere ich einen Runden Tisch zur Entwicklungshilfe. Dabei möchte ich die Kenntnisse unserer Soldaten mit den Mitteln der Entwicklungshelfer teilen, damit die Hilfe die Richtigen erreicht. Ich bin gespannt, wie viele teilnehmen. Die Skepsis zwischen Soldaten und Entwicklungshelfern ist sehr groß. Mal sehen, ob dabei etwas herauskommt. Ich hoffe!

Ich werde jetzt etwas schlafen. Morgen ist wieder ein langer Tag. Große Liebe dein Andre.

*

Kabul, 21. April 2012

Hallo meine Sonne, das waren wieder zwei aufregende Tage. Wir haben eine weitere Operation gegen ein Waffenversteck durchgeführt. Vor zwei Tagen fuhr ich zusammen mit meinem Fahrer und Nahsicherer auf die Jalalabad Road. Dort war ich mit französischen Geheimdienstsoldaten (Human Intelligence) in zwei grauen Toyota Pickup verabredet. Sie hatten einen Einheimischen dabei, der uns die Location für ein Waffenversteck verraten sollte. Im Anschluss an die Verbindungsaufnahme fuhren wir im Konvoi nach Surobi und danach gegen 18:30 Uhr ins FOB NAGLU. Das FOB (Forward Operation Base) NAGLU, ein kleines Lager, liegt unterhalb eines großen Staudamms, ca. 80 km östlich von Kabul und reicht gerade einmal aus, um notdürftig einhundert Soldaten aufzunehmen. Bevor die Sonne unterging, besuchten wir noch die alte Villa des afghanischen Königs, welche sich nahe bei dem Staudamm befindet. Sie liegt idyllisch, alleine und leer stehend am Naglu-Stausee. Von ihr hat man einen Blick auf Wasser und die umgebenden gewaltigen Berge. Natürlich haben wir das Gebäude zuvor auf versteckte Landungen und einen feindlichen Hinterhalt hin überprüft, man weiß ja nie. Wenn das Land einmal den Frieden findet, wird dieser Ort ein kleines Paradies. Nach unserer Rückkehr gab ich noch die Befehle für den nächsten Tag aus. Danach aßen wir gemeinsam mit den Franzosen zu Abend. Bevor ich mich auf mein Feldbett zum Schlafen legte, ging ich noch für einige Augenblicke raus in die Dunkelheit. Ich brauchte einige Minuten alleine, um an dich zu denken. Das war sehr entspannend.

Am nächsten Morgen brachen wir gemeinsam mit den französischen Kameraden um 06:30 Uhr auf, eine Stunde früher als alle anderen. Wir haben in Surobi die „Quelle", also unseren Informanten abgeholt und bei dem örtlichen Geheimdienstchef einen Tee getrunken. Die einheimischen Polizisten sehen fast alle wie Freischärler und Verbrecher aus. Vermutlich sind es die meisten auch. Unser Informant blieb auf jeden Fall die ganze Zeit im Fahrzeug der Franzosen, hinter den verdunkelten Scheiben und hatte sich zusätzlich vermummt. Er muss eine riesen Angst gehabt haben, von den afghanischen Polizisten und Geheimdienstleuten erkannt zu werden.

Nach dem Treffen marschierten wir mit einer kleinen Armee ins Uzbeen Tal. Ich habe zusammen mit den französischen Kameraden die Spitzengruppe übernommen. Die Hauptkräfte folgten ca. 10 Minuten danach. Das Uzbeen Tal befindet sich im ab gelegensten Winkel unseres Verantwortungsbereichs. In dieser Gegend leben sehr viele „Bad Guys", einige wurden schon gefasst und in Guantanamo inhaftiert. Deshalb war ich sehr vorsichtig und fuhr mit meinem Fahrzeug erst hinter den einheimischen Polizisten des Oberst Zangar. Nach ca. zweieinhalb Stunden Fahrt über Stock und Stein, dem Durchwaten mehrere Gewässer erreichten wir den Bereich des Waffenlagers. Vor Ort mussten wir uns zu Fuß ca. 500 m an das Versteck heranarbeiten. Dazu stellte ich einen kleinen Spähtrupp aus einem Franzosen, einem Sprengstoffexperten (EOD) und einen Nahsicherer zusammen. Der Informant blieb im Fahrzeug. Gemeinsam entdeckten wir das Versteck in einer Höhle. Die Hauptkräfte sicherten das Gelände nach außen ab und bildeten eine Reserve, um bei einem Angriff schnell handeln zu können. Die Anspannung konnte keiner von uns verbergen.

Wir fanden in der Höhle Raketen, Mörser Granaten und allerhand andere Munition. Der EOD Mann und ich beschlossen, das Lager vor Ort zu sprengen. Das gab einen heftigen Knall und eine

große Staubwolke. Danach haben wir das Tal wieder geordnet verlassen und marschierten zurück ins FOB NAGLU. Dort tankten wir noch ein wenig Diesel, wischten den Staub aus den Gesichtern und tranken einen „Siegeskaffee".
16:00 Uhr befanden wir uns schon wieder auf den Rückmarsch nach Kabul. Dabei musste ich meine Fähigkeiten als Verkehrspolizist unter Beweis stellen…;) Wir steckten in einem miesen Stau fest. Ich lenkte unseren Konvoi zu Fuß durch die Lastwagenansammlung hindurch. Stehen bleiben ist immer sehr gefährlich.
Ich werde nach der Operation im Uzbeen Tal mit viel Elan an unsere Entwicklungshilfe-Koordination herangehen. Für übermorgen habe ich dazu ein Meeting organisiert. Ich hoffe, dass wir einige neue Projekte ins Leben rufen können. Die Menschen hier haben Hilfe mehr als nötig! Nun werde ich mit großer Sehnsucht im Bauch schlafen gehen, denn ich bin immer noch total müde. Große Liebe Dein Andre.

*

Kabul, 22. April 2005
Hallo meine Sonne, ich wollte eigentlich den ganzen Tag raus zum Schießen fahren. Ich muss mich ja auch in Übung halten. Leider habe ich den ganzen Tag lang alle möglichen Sachen in der OPZ durchplanen müssen und irgendwelchen langweiligen Meetings besucht. Die meiste Zeit benötigte ich für die Vorbereitung des Entwicklungshilfemeetings. Das ist wirklich wichtig für mich. Es ist sozusagen mein Baby.. :) Wir haben ca.

dreißig Leute eingeladen. Davon sind ca. 2/3 von zivilen Organisationen, u.a. Mitarbeiter vom Roten Kreuz, der UNO, der US Botschaft und der Deutschen Botschaft. Ich habe insgesamt 36 Projekte bei mir auf der Liste stehen. Die meisten, ca. zwanzig, sind schon in Arbeit. Für die noch offenen möchte ich bei dem Meeting Geldgeber und neue Verantwortliche finden. Bei den Projekten handelt es sich um Schulen (vor allem für Mädchen), Krankenstationen, Trinkwasserbrunnen, Straßen, Brücken… eben alles, was einigermaßen intaktes Gemeinwesen benötigt. Am Drängendsten sind das Wasser und das Bildungsproblem. Für Mädchen war es während der Taleban-Herrschaft verboten, eine Schule zu besuchen. Deshalb fördern wir vor allem den Bau von Mädchenschulen.

Nächste Woche besucht uns Peter Struck, der Verteidigungsminister. Das wird eine Heidenarbeit in der Vorbereitung. Deshalb freue ich mich umso mehr, wenn ich mal raus zu den Menschen komme. Dich habe ich heute leider nicht am Telefon erreicht. Das macht mich immer etwas traurig.

Bei unserer „Abendlage" wird immer sehr viel erzählt. Kannst du dir vorstellen, dass es in Surobi Malaria gibt. Es kann sogar noch passieren, dass ich dieses Prophylaxe Mittel nehmen muss. Im Umland gab es wieder eine Menge Schießereien. Meist sind die US-Jungs involviert. Unsere drei Operationen von letzter Woche hatten das Auffinden der drei bisher größten Waffenverstecke zur Folge. Ein Erfolg! Große Liebe und bis bald dein Andre.

*

Kabul, 23. April 2005

Hallo meine Sonne, das Entwicklungshilfemeeting lief hervorragend. Das betrifft zumindest den organisatorischen Teil. Es waren alle dreißig eingeladenen Gäste da, und auch die Projektvorstellungen stimmten. Leider hielten sich die Zusagen zu konkreten Projekten allerdings in Grenzen. Die meisten der zivilen Gäste wollten vor allem Informationen abgreifen, um später gegebenenfalls einzusteigen.

In unserem Einsatzraum operieren zurzeit deutsche Spezialkommandos und jagen Terroristen. Wir wissen selbst darüber nur sehr wenig. Manchmal habe ich auch Lust, mich beim Kommando Spezialkräfte zu bewerben, coole Jungs. Ich wünsche dir noch einen schönen Bergurlaub. Große Liebe, dein Andre.

*

Kabul, 24. April 2005

Hallo meine Sonne, das hier ist das letzte Blatt Briefpapier, was ich habe. Morgen werde ich neues besorgen. Dabei wird mir bewusst, wie lange wir uns schon nicht mehr gesehen haben. Ich glaube, heute waren es fünfundneunzig Tage seit unseren Abschied bei Regen in Brandenburg. Du fehlst mir sehr! Ich denke jeden Tag mehr daran, wie es ist, wenn wir uns endlich wieder sehen. Heute Nacht habe ich mir hier den „Tatort" im Fernsehen angeschaut. Es ist eigenartig, dies so weit weg von Deutschland zu tun. Wir werden eine gute Zeit haben, wenn wir endlich wieder zusammen sind.

*Heute früh bin ich ein wenig im Lager laufen gewesen. Davor
konnte ich bis 10:00 Uhr ausschlafen. Das war sehr nötig, denn
die letzte Woche hat sehr geschlaucht.*

*Heute fragte mich mein Kommandeur, warum ich noch keinen
Antrag auf eine Laufbahn als Berufssoldat gestellt habe. Eine
gute Frage! Vielleicht stelle ich nächste Woche den Antrag.
Sergio hat schon letzte Woche gestellt. René fliegt am Mittwoch
für zwei Wochen nach Deutschland. Ich beneide ihn, denn ich
würde auch gern heute schon zu dir fliegen… Große Liebe Dein
Andre.*

*

Kabul, 25. April 2005

*Liebste Catherina, ich habe gerade mit Felix gesprochen.
Vielleicht werden er und Marcela auch bald heiraten. Sie besucht
ihn von Juli bis September in Deutschland. Danach wollen sie
zusammen nach Brasilien gehen. Wenn ich Urlaub habe, will
Felix uns besuchen. Das finde ich toll. Rolf und Karen ziehen
jetzt auch nach Bremen. Felix sagt, dass die Miete mit 350 € sehr
niedrig ist, allerdings ist das Stadtviertel auch berüchtigt.*

*Bei uns in Kabul feiern am Donnerstag die Afghanen den Tag der
Befreiung von den Russen und morgen besucht uns unser
Minister Struck. Ich bin auch bei der Gesprächsrunde mit dem
Minister eingeladen. Für diesen Besuch haben wir ein
Wahnsinns Sicherheitsprogramm organisiert. Wir haben auch
allen Grund dazu. Gestern Nacht ist auf der Straße von unserem*

*Lager in die Innenstadt wieder eine Autobombe detoniert. Gott
sei Dank wurde niemand verletzt. Es scheint, als hätte die
Bombe eine Zeitschaltung gehabt, die zu früh hochgegangen ist.
Da niemand verletzt wurde, scheinen die Anwohner davon
gewusst zu haben. Normalerweise ist die Stelle sehr belebt.
Außerdem hat eine ukrainische Antonov (größtes
Transportflugzeug der Welt) eine Bruchlandung auf dem
Flughafen in Kabul hingelegt.
Die Amerikaner wollen morgen, nah an unserem
Verantwortungsbereich, zehn Terroristen festnehmen oder töten.
Ich hoffe, dass wir die Aktion nicht ausbaden müssen, wenn sie
schief geht.
Heute Abend war ich bei dem Bulgarischen Kontingent
eingeladen. Sie feiern den Beitritt zur Europäischen Union. Es
war eine sehr ausgelassene Feier. Die Bulgaren haben auch
gesungen und getanzt. Einfach eine ganz andere Welt, in der sie
sich bewegen. Ich hoffe, das Wetter bei dir in den Alpen wird
besser, so dass du deine Wanderungen machen kannst. Ich
wäre jetzt gern bei dir, dein Andre*

*

Kabul, 26. April 2005
*Meine liebste Catherina, heute hat uns der Verteidigungsminister
besucht. Er war auch bei dem afghanischen Präsidenten Karsai.
Ich saß mit ihm in einer größeren Runde für ca. eine Stunde
zusammen. Ich habe sogar einige Fragen gestellt, vor allem
habe ich die ungenügende Ausrüstung mit*

Transporthubschraubern angesprochen. Der Schutzaufwand für diesen Besuch war zwar sehr hoch, der Besuch hat sich aber trotzdem gelohnt. Im Gegensatz zum letzten Jahr, gab es diesmal keinen Raketenbeschuss während des Besuches.

Morgen Früh fliegt René für seinen Kurzurlaub nach Deutschland. Wenn er zurückkommt, besuche ich dich. Ich zähle mittlerweile buchstäblich die Stunden. Das heißt nicht, dass ich es hier nicht mehr interessant finde, aber meine Sehnsucht nach dir ist echt riesig.

Ich bin sehr gespannt, ob wir nach dem Einsatz die Verbindung alle untereinander halten werden. Ich hoffe es ja, denn diese Zeit hier bildet eine wirklich große Herausforderung.

Ab morgen beginnt, parallel zu weiteren Besuchen von Generalen, die Vorbereitung auf den „Tag der Befreiung von den Russen". Dazu haben wir rund um die Uhr zu tun, um die Stadt vor Angriffen durch die Taleban oder anderen Aufständischen zu schützen. Ich hoffe wieder einmal, dass alles gut geht.

Wenn du so am Telefon von deinem Urlaub in Schönau erzählst, erinnere ich mich immer an die Berge und unsere gute Zeit dort. Die Alpen haben für mich ein Fluidum des Entspannens und des Friedens. Darauf freue ich mich. Heute habe ich dem Kommandeur eröffnet, dass ich Berufssoldat werden möchte. Ich glaube, er wird es unterstützen. Ich glaube auch, er hält große Stücke auf mich. Speziell nach den beiden Spähtrupp-Operationen vertraut er mir.

Ich hoffe die Zeit vergeht schnell. HDL

*

Kabul, 27. April 2005

Liebste Catherina, ich bin gerade total sauer, weil irgendwelche Geheimhaltungsvollidioten mir wichtige Infos vorenthalten. Vermutlich wollen sie durch ihr Herrschaftswissen ihre „Wichtigkeit" unterstreichen. Die haben mich aus meinem Büro rausgeschickt, um ihre „geheimen" Sachen zu besprechen. Ich kam mir vor, wie in einem schlechten Stasi- Film. Was mich am meisten aufregt ist, dass diese Typen nicht begreifen, dass das größte Problem bei uns nicht der „Geheimnisverrat" sondern der fehlende Informationsfluss darstellt.

Ich hoffe, dein Tag auf dem Königsee war erfolgreich. Im Fernsehen habe ich gesehen, dass bei euch recht schönes Wetter vorherrscht. Außerdem haben sie in der Tagesschau den neuen Riesenairbus gezeigt. Er hatte heute seinen Jungfernflug, sehr beeindruckend. Vielleicht fliegen wir ja in Zukunft mit solch einem Vogel in den Urlaub. Dann können wir über die zwei Decks schlendern.

Ansonsten war ich heute noch laufen und bei meinem internationalen Meeting. Das finde ich immer recht angenehm. Ted, Bernhard, Trum, Lee und Margin sind meist meine Gefährten, wenn wir nach dem Meeting zum Camp-Spanier einen Cappuccino trinken gehen. Dort bereiten sie mit Abstand den leckersten Cappuccino, mit aufgeschäumter Milch. Die Jungs kommen aus Kanada, Frankreich, Norwegen, Nepal (Guhrka) und Spanien. Manchmal haben wir auch noch andere dabei. Bei diesen Runden nach dem offiziellen Meeting, bekommt man die besten und wichtigsten Hintergrundinfos, außerdem schult es mein Englisch.

So meine Schnecke, Sonne… große Liebe, das soll es für heute gewesen sein. Das Schönste an diesem Tag war dein Brief und deine SMS an mich… Ich liebe dich, dein Andre

*

Kabul, 30. April 2005

Hallo meine Sonne, nach dem ich gestern von deiner Schnee- und Bergwanderung am Jenner gehört hatte, habe ich unheimlich Lust bekommen, mit dir wieder durch die Berge herum zu stiefeln. Am heutigen Morgen habe ich einen 25 km Marsch mit den Dänen absolviert. Ich habe zwar zwei kleine Blasen an den Füßen, aber die Sache hat richtig Spaß gemacht. Nach drei Stunden und zwanzig Minuten war ich im Ziel. Dabei hatte ich über eine längere Zeit die Gelegenheit, mit dem alten Chef von Rudi zu sprechen. Er meinte, dass Rudi durchaus auch die Generalstabslaufbahn hätte wählen sollen. Dem gefällt es aber sicherlich gut in der Stiftung Wissenschaft und Politik (SWP). Bei mir gibt es zurzeit viel Bewegung in der Arbeit. Dadurch bin ich fast jeden Tag draußen unterwegs, meist für Absprachen. Vorgestern besuchte ich die türkischen Hubschrauberpiloten für die Planung einer Luftoperation. Für dieselbe Operation war ich gestern im norwegischen Camp. Die Norweger sind super nett. Ich finde, dass man mit denen am besten zusammenarbeiten kann. Denen gefällt es auch besonders gut bei uns. Überall wo man hinkommt, wird man herzlich empfangen. In so einem

multinationalen Verband zu arbeiten, macht echt Spaß. Die
einzigen, mit denen man überhaupt nicht arbeiten kann, sind die
Italiener hier vor Ort. Die reden den ganzen Tag, sind immer voll
wichtig und wenn sie dir helfen sollen, sind sie nicht da.
Morgen werde ich in das Uzbeen Tal fliegen, dort landen, in
Geländewagen umsteigen und weiter in die Berge zu
abgelegenen Dörfern fahren. Deine Sachenkiste werde ich
mitnehmen und vor Ort an den Malek (Dorfvorsteher) übergeben.
Ich bin sehr gespannt, wie es läuft.
Nun ist der April auch geschafft und die schönen Tage mit dir
rücken näher. Hoffentlich klappt mit dem Flug am 14.Mai alles,
so dass ich ganz schnell bei dir bin. Tausend Küsse, Dein Andre

Mai 2005

Kabul, 01. Mai 2005

Hallo Catherina, heute ist wieder ein Sonntag. Mittlerweile kann ich nur noch an meine Rückkehr zu dir denken. In dreizehn Tagen werde ich losfliegen. Heute hatten wir eigentlich geplant, zu einem Malektreffen in das abgelegene Uzbeen Tal mit dem Hubschrauber zu fliegen. Um 11:00 Uhr war alles vorbereitet und auch deine Sachenkiste für die Menschen vor Ort im Hubschrauber verstaut. Aber wie so oft hier, kam es wieder anders als geplant. Wir hatten zwei Patrouillen losgeschickt, die auf zwei verschiedenen Wegen das Tal erreichen sollten, um einen Hubschrauberlandeplatz auf Minen zu überprüfen und zu sichern. Es hatte aber über Nacht dermaßen stark geregnet, dass beide Wege durch Erdrutsche unpassierbar waren. Die Patrouillen brauchten am Ende drei Stunden länger als erwartet in das Tal. Als wir 14:00 Uhr zusammen mit Norwegern und Kanadiern, die uns unterstützen losflogen, ging erst mal alles gut. Wir flogen entlang der abgesprochenen Strecke. Nur im Tal konnte der Pilot mit der Patrouille am Boden keine Verbindung aufnehmen. Ich weiß nicht warum der Patrouillenführer am Boden seinen Funk nicht eingeschaltet hatte. Ich bin fast ausgerastet, zumal ich dem Piloten den genauen Punkt zeigen wollte. Der wollte allerdings so schnell wie möglich zurück, weil sich ein großes Gewitter im Anmarsch befand. Auf dem Rückflug ließ er den Hubschrauber wie wild durch die Täler Kontur fliegen. Dadurch hätten Aufständische den Hubschrauber nicht beschießen können. Am Ende sind wir trotz zügigem Abdrehen voll in das Gewitter geraten. Die Landung gestaltete sich aufgrund des Sturms entsprechend hart. Als wir total durchnässt und ohne erfüllten Auftrag auf dem Flugfeld standen war ich voll sauer. Da kämpft und organisiert man wie verrückt, und dann sind einige nicht einmal in der Lage, ein Funkgerät einzuschalten. Heute Abend bin ich bei den Spaniern eingeladen. Sie geben ihren Ausstand, weil sie Richtung Westen nach Herat verlegen. Ihre Hubschrauber werden uns fehlen. Dann können wir nur noch auf die türkischen Black Hawk zurückgreifen, und das ist (siehe heute) eher schwierig. Bis Morgen, HDL dein Andre

*

Kabul, 02. Mai 2005

Meine große Liebe, ich fühle mich zurzeit total ausgelaugt. Nach fast vier Monaten Dauerstress ist die Energie einfach raus. Ich habe den Tag über heute kaum etwas geschafft. Es wird Zeit, dass auch ich nach Hause komme und eine Auszeit nehme. Der Kommandeur fliegt morgen nach Deutschland und erholt sich vierzehn Tage. Es scheint, dass alle nicht mehr so konzentriert, wie in den ersten Monaten arbeiten. Man kann dies an den vielen kleinen Fehlern und der außergewöhnlichen Gereiztheit erkennen. Das ist eine gefährliche Sache! Ich hoffe, wir wachen alle auf, bevor uns ein Gegner weckt. Besonders auffällig ist diese Gereiztheit, Kraftlosigkeit und auch Niedergeschlagenheit bei Björn. Ihm scheint zurzeit alles nur noch zu wider zu sein. Er muss auf jeden Fall schnell nach Hause. Zusätzlich regnet es hier seit drei Tagen. 120 km nördlich von uns ist heute ein riesiges Munitionslager explodiert (worden?). Wir wissen es nicht.

Es könnte eine ähnliche Operation wie unsere letzte gewesen sein. Denn das Depot wurde auch illegal angelegt. Scheinbar gab es dort allerdings achtundzwanzig Tote und siebzig Schwerverletzte. Das ist immer sehr tragisch. Hier findet eben doch ein Krieg statt. In unmittelbarer Nähe zu unseren Lager gab es heute auch zwei Schießereien bei der ANA (Afgan National Army). Dabei wurden zwei Menschen getötet und drei verwundet. Wenn man den offiziellen Verlautbarungen glauben soll, war es ein Streit um Tee. Oftmals stimmt allerdings von den Infos, die wir bekommen, nicht einmal die Hälfte. Von dem explodierten Munitionslager hat diesmal sogar die Tagesschau in Deutschland berichtet, ausnahmsweise.

Dass deine Stimmung zurzeit so gedrückt ist, kann ich verstehen. So ganz alleine zu Hause, lebt es sich auf Dauer doch nicht gut. Wir beide gehören einfach zusammen und können nur zu zweit richtig glücklich sein. Zumindest für mich ist es so, als wäre eine Hälfte von mir in Werder (Havel) geblieben. Ich liebe dich, dein Andre.

*

Kabul, 03. Mai 2005

Meine Sonne, heute war ein sehr guter Tag, vor allem für meinen Drang raus unter die Menschen zu kommen. Ich will aber mit dem Morgen beginnen. Ich kam recht schwer aus dem Bett, denn es hat immer noch geregnet. Danach habe ich es recht ruhig angehen lassen und bin erst einmal Frühstücken gegangen. Nach der Absprache mit dem französischen Planungsoffizier,

Janin, habe ich mich dem nächsten „Runden Tisch" gewidmet.
Dort soll die humanitäre Lage in unserem Raum bearbeiten
werden, und ich hoffe, mehrere Hilfsprojekte in Gang zu
bekommen. Bis Freitag will ich alles abgeschlossen haben. Am
Mittag kam Herr Linz vom Flughafen zurück. Sein
„Urlaubsflieger" war aufgrund des schlechten Wetters nicht
gestartet. Wenn es bei uns regnet, fällt über dem Hindukusch
Schnee und dann fliegen unsere Flugzeuge nicht. Für ihn tut es
mir besonders leid, denn er hat sich unheimlich auf seine Familie
gefreut.

Am Nachmittag erkundete ich mit Graham Mattheis, einem
britischen Major, Kabul. Unser Ziel war es, die Registrationsstelle
für die Wahlen im September ausfindig zu machen. Von diesem
Ort soll die komplette Wahl koordiniert werden. In der ersten
Phase müssen sich alle Kandidaten registrieren lassen. Um das
richtige Haus zu finden, düsten wir mit einem alten Toyota
Landcruiser quer durch die ganze Stadt. Vor Ort hatten die UN-
Mitarbeiter ihre Arbeit bereits aufgenommen. Die
Sicherheitsvorkehrungen waren allerdings äußerst mangelhaft
und teilweise noch in Arbeit. Wir sollen im Notfall bei der
Absicherung und gegebenenfalls bei der Evakuierung helfen.
Dafür entwickle ich ab morgen gemeinsam mit dem UN-
Sicherheitsoffizier ein Konzept. Er heißt lustiger Weise Bonga
und ist ein weißer Afrikaner. Morgen früh werde ich wieder mit
dem Hubschrauber nach Surobi fliegen und schauen, was sich
so auf den Hauptstraßen nach Pakistan tut.
Ich freue mich auf unser Wiedersehen in Hannover. Dein Andre

*

Kabul, 04. Mai 2005

Hallo Catherina, entschuldige bitte, dass ich dir immer noch auf diesem hässlichen, karierten Papier schreibe. Ich hoffe du freust dich über den Inhalt. Vor allem heute Vormittag war ich sehr im Stress. Erst hatten wir unser internationales Lage-Update, davor noch die Stabslage. Ab 10:00 Uhr flog ich mit den Hubschraubern in den Bereich Surobi. Dazu nahm ich einen ausgesuchten Fotografen und den verantwortlichen Zugführer mit. Zurzeit ist meine Arbeit unheimlich abwechslungsreich, trotz „Luft raus". Das ist das richtige für mich! Wir erkundeten die Lage entlang der beiden Hauptstraßen nach Pakistan. Unsere Bilder hatten eine große Tragweite. Sie zeigten die Gründe und das Ausmaß der Zerstörung der Hauptverbindungsstraße und die Staus. Diese behindern zurzeit massiv unsere Versorgung mit Diesel und Nahrungsmitteln. Die beiden Hauptgründe für das Chaos sind die Renovierung einer der Straßen und die seit vier Tagen anhaltenden Regenfälle. Diese haben eine Reihe von Erdrutschen ausgelöst und die Straßen in den Bergen in Schlammpisten verwandelt. Danach habe ich mit einem Oberstleutnant vom ISAF Hauptquartier gestritten. Er war der Meinung, dass uns das nichts angeht und wir deshalb nicht helfen müssen. Es gebe eine chinesische Firma, die dafür verantwortlich ist. Spinner! Wenn unsere Leute irgendwo festsitzen muss eingegriffen werden.

Danach habe ich mich mit dem erwähnten Sicherheitsoffizier der UN getroffen, Herr Bongo. Er wollte weitere Informationen von uns und abklären, wie wir ihn im Notfall unterstützen könnten. Er

*lebt normalerweise in Kenia und arbeitet dort als
Nationalparkwächter für Wild Life, ein sehr zurückhaltender,
angenehmer Typ. Ich biete allen Gästen einen Kaffee an, bevor
ich in das Thema einsteige. Das entspannt die Situation, und
man kommt danach schneller zur Sache. Heute haben wir beide
auch erst mal einen Kaffee getrunken. Ansonsten war noch viel
mehr los, was ich dir aber jetzt nicht alles erzählen will. Der
Höhepunkt des Abends war deine Karte aus Salzburg. Danke!!
Dein Andre*

*

Kabul, 05. Mai 2005
*Hallo Sonne, das heutige Datum ist eine richtige Schnapszahl.
Heute in zehn Tagen bin ich schon bei dir, und wir können
gemeinsam meinen Geburtstag feiern. Mit Björn habe ich zurzeit
meine Probleme. Er findet grundsätzlich alles schlecht, was
irgendwie passiert. Heute war ich mit ihm auf dem
Schießgelände, was ca. fünf Kilometer außerhalb des Camps
liegt. Es ist eigentlich nur ein Steinberg auf den wir schießen
können. Er hatte bei jedem Wasserloch sofort Bedenken, dass
wir mit dem Wolf nicht durchkommen. Bei einer Brücke, die auf
dem Weg lag, stellten wir fest, dass die letzten Regenfälle sie
vollkommen zerstört hatten. Der Umweg führte durchs Gelände,
den man allerdings nur mit entsprechendem Schwung meistert.
Björn fuhr aber sehr, sehr vorsichtig rein, so dass wir
steckenblieben. Es ging weder vor noch zurück, und wir waren
nur zu Dritt. Also teilte ich Björn als Funker ein, Scholz als*

Sicherer und mich selbst als Melder zu den Kanadiern. Diese hatten ca. drei Kilometer entfernt auch ein Übungsschießen und halfen uns sofort. Sie zogen den Mercedes Wolf aus dem Matsch. Funkverbindung hatten wir die ganze Zeit über keine. Nach erfolgreicher Bergung fuhren wir weiter zu unserem kleinen „Spezialschießen". Auf dem Schießgelände waren wir nur zu acht, so dass wir ausgiebig Üben konnten. Ich habe es richtig genossen, den Gebrauch von Pistole und Gewehr trainieren zu können. Es war wieder einmal höchste Zeit, denn ich hatte seit ca. vier Wochen nicht mehr scharf geschossen. Am Nachmittag organisierte ich den „Runden Tisch Entwicklungshilfe" weiter. Ich hoffe, die Sache wird ein Erfolg. Ich freu mich auf dich, dein Andre

*

Kabul, 06. Mai 2005
Aller liebste Catherina, ich sitze gerade wieder in meinem Bett und versuche dir einen Brief zu schreiben. Dabei gibt es Tage, an denen könnte ich dir Bücher mit meinen Eindrücken füllen und dann gibt es Tage, da weiß man gar nicht, was man schreiben soll. Heute ist so ein Tag.
Am Morgen hatte ich wieder mein internationales Meeting mit den anderen Einsatzverbänden. Der Franzose, Bernard, war heute das letzte Mal dabei. Er fährt morgen zurück nach Frankreich. Leider wusste ich das nicht so genau und konnte ihm so auf die Schnelle kein Abschiedsgeschenk besorgen. Danach hatte ich mit den Kanadiern Major Ermal und Ted sowie dem

norwegischen Planungsoffizier Major Mehus ein Meeting. Wir
haben die Operationen für die nächsten drei Wochen durchgesprochen. In diesen Wochen wollen wir eine
Aufklärungsoffensive in unserer Grenzregion im Süden, Richtung
Pakistan durchführen. Dafür müssen wir eine Reihe von Kräften
koordinieren.

Der Nachmittag war ruhig und stand im Zeichen des „Runden
Tisches Entwicklungshilfe", den ich für morgen organisiere. Ich
bin sehr gespannt, wie es diesmal läuft. Hoffentlich bekommen
wir Geldmittel für die Projekte zugesagt. Am Abend hatten wir
einen französischen Fremdenlegionär zu Besuch. Er kommt
eigentlich aus Dessau und hat sich nach der Wende für die
Legion entschieden. Mittlerweile ist er mehr als acht Jahre dort
und war schon in vielen Einsätzen, u.a. in der Elfenbeinküste und
hier in Afghanistan. Seine Aufgabe muss sehr öde sein, denn er
ist immer Funker. Vom Auftreten und vom Umgangston her
machte er aber einen sehr gepflegten Eindruck. Für mich wäre
die Legion nichts, denn dann könnte ich dich volle vier Jahre lang
nicht sehen. In den ersten zwei Jahren besteht auch ein Verbot
für Mobiltelefone. Irgendwie klingt das alles mehr nach einem
Gefängnis, als nach einer Armee. Bis Morgen, Dein Andre

*

Kabul, 07. Mai 2005
Hallo meine Sonne, wieder einen Tag weniger, bis ich dich
wieder sehe. Ich habe heute den ganzen Tag über für die

Vorbereitung des „Runden Tisches Entwicklungshilfe" genutzt.

Natürlich bekam ich wieder „tausend" Anrufe nebenbei. Am

spannendsten wurde es, als wir kurzfristig in eine

Zugriffsoperation involviert wurden. Die Kanadier hatten Infos

erhalten, dass aus der Provinz Wardak acht Männer mit Bomben

nach Kabul fahren. Das Ziel dieser Bomben sollte entweder die

Afghanische Regierung oder ISAF sein. Wir wussten nur, wo die

Sprengmittel zwischengelagert werden sollen. Nun warten wir,

bis die bösen Jungs zu dem Objekt kommen, und dann greifen

wir sie uns.

Um eine solche Operation professionell vorzubereiten, gibt es

immer viel zu telefonieren und abzusprechen. Mal sehen, wie es

diesmal läuft. Die Norweger und Kanadier sind auch wieder

dabei. Das ist nicht ganz so einfach, weil unsere Soldaten

einfach zu wenig Englisch sprechen.

Der „Runde Tisch" lief heute richtig super. Wir erhielten viele

Zusagen für Projekte, z.B. Damm-bauten, Schulen, Ambulanzen,

ein Distrikt-Zentrum und sogar ein Computerkabinett. Ich war /

bin sehr froh darüber, weil Sicherheit nur eine Seite der Medaille

ist. Die Menschen müssen ihre Grundbedürfnisse befriedigen

können. Das gewährleisten viele gegenwärtig durch den

Drogenanbau. Zurzeit sehen die Bergtäler in unseren Bereich

weiß aus. Die Mohnpflanzen, aus denen Opium hergestellt wird,

blühen erst weiß, werden Mitte Mai rot und im Juni geerntet.

Am Abend hatten wir unser zweites Bergfest, obwohl die

kalendarische Hälfte des Einsatzes schon eine Weile her ist. Es

gab Steak, Salat und Bier. Die Türken, vor allem ihr Chef

Ajabajpan, hat mich zu sich nach Hause in die Türkei eingeladen. Das fand ich Klasse.

Leider endete der Abend unschön. Im Polizeidistrikt 4, der Kabuler Innenstadt sprengte sich ein Selbstmordattentäter in die Luft. In dem angegriffenen Internetcafé starben drei weitere Menschen, sechs wurden verletzt. Das „Gute" ist, dass wenigstens keine unserer Soldaten getroffen wurden. HDL Andre

*

Kabul, 09. Mai 2005

Liebste Catherina, gestern war für mich ein sehr interessanter Tag. Ich musste für Absprachen mit den Kanadiern in den Südwesten von Kabul fahren. Dadurch konnte ich mir in aller Ruhe das geschäftige Leben in der Stadt zu Gemüte führen. Ich frage mich oft, wie es die Menschen schaffen in diesem, mittlerweile etwas grünen, Moloch zu überleben. Fabriken gibt es praktisch nicht,. dafür eine Unmenge an kleinsten Lehm- / Holzverschlägen mit kleinen Werkstätten und noch mehr Händler in alten Seecontainern. Das Straßenbild ist geprägt von Männern mit langen Bärten und Decken, meist grau als Umhang. Die Frauen sieht man in der großen Mehrheit mit Burka. Die Stadt liegt auch drei Jahre nach unserem Einmarsch noch zu großen Teilen in Trümmern, und die Straßen sind eine Katastrophe. Trotzdem scheinen die Menschen vollkommen unbeeindruckt und recht positiv durch den Alltag zu gehen. Die Kinder grüßen uns meist mit dem Daumen hoch.

Das kanadische Camp liegt direkt zwischen der Ruine des alten
Königsschlosses und dem der zerstörten Schloss der Königin.
Das Camp wurde vor einem Jahr komplett neu aus dem Boden
gestampft. Es besteht aus Zelten, hohen Mauern und
martialischen Wachtürmen. Es ist einfach und klar gegliedert, im
Gegensatz zu Camp Warehouse, was eher einem
behelfsmäßigen Flüchtlingslager gleicht. Die Absprachen für die
nächste Operation / Offensive im Süden verlief Klasse. Ich freute
mich richtig über mein Englisch. Danach luden uns die Kanadier
noch zum Abendessen ein.
In der Nacht gab es im Osten von unserem Gebiet ein größeres
Feuergefecht. Dabei sind zwei US-Marines und dreiundzwanzig
Angreifer umgekommen. Auch in der Stadt gab es heute Mittag
wieder zwei Explosionen. Ich bin gespannt, wie sich das weiter
entwickelt. Erst einmal freue ich mich auf unser Wiedersehen
und die neuen Liegestühle auf dem Balkon. Bei den
ausländischen Kameraden mache ich immer Werbung für
Dresden. Mal sehen, ob uns später einer von denen mal in
Deutschland besucht. Große Liebe, Dein Andre

*

Termez (Usbekistan), 14. Mai 2005
Hallo meine große Liebe, heute Abend werden wir uns endlich
wiedersehen. Die letzten vier Tage habe ich es leider nicht
geschafft, dir zu schreiben. Es war einfach unglaublich viel zu tun,
und wenn ich nachts gegen 01:00 Uhr schlafen ging, hatte ich
keine Kraft mehr dir zu schreiben.

*Am Mittwoch begannen wir die Operation „Marathon" im Süden und Osten unseres Bereiches. Ziel ist es, soviel wie Möglich an Informationen über unsere Feinde zu gewinnen. Dazu unterstützen uns ca. einhundert kanadische Aufklärer und auch Helikopter. Bisher lief alles gut an. Der kanadische Gefechtsstand wurde an unseren angedockt, so dass der jeweils andere immer genau weiß, was im Operationsgebiet passiert. Dadurch, dass unser Kommandeur noch im Urlaub ist und sein Stellvertreter kaum Englisch spricht, lief in den letzten Tagen viel über mich. Die Befehlsausgabe war sehr lustig. Ich führte sie auf Englisch durch und berichtete, dass in unseren Verantwortungsraum aus Süden Kämpfer mit „Monkeys" (Affen) eindringen würden. Ich meinte natürlich „Donkeys" (Esel), auf Gebirgspfaden. Damit sorgte ich für den Lacher des Tages. Die Arbeit mit den Kanadiern ist sehr unkompliziert. Die drei für uns wichtigsten kanadischen Offiziere vor Ort haben alle samt Verbindungen zu Deutschland. Major Ermal hat eine deutsche Ex-Frau, Andre Popov hat eine Uroma aus Wien und Ted Sunder hatte ebenfalls eine Uroma aus Deutschland. Die scheinen richtig glücklich zu sein, mit uns zusammen arbeiten zu können.
Die Lage um Kabul herum hat sich letzte Woche deutlich verschärft. Die Wut der Menschen hat sich freie Bahn gebrochen nach dem Bilder aufgetaucht sind, die US-Soldaten zeigen wie sie den Koran in der Toilette herunter spülen. Um Kabul herum, u.a. in Jalalabad und Wardak, gab es gewalttätige Demonstrationen. Dabei wurden viele Menschen verletzt, einige sind auch gestorben. Mehrere UN-und NGO-Gebäude wurden ebenfalls zerstört. In Jalalabad haben die Aufständischen diese*

*Gelegenheit genutzt und Telekommunikationsanlagen zerstört.
Alle Wege von Kabul in dieses Gebiet wurden geschlossen. Wir
hoffen, dass die Gewalt nicht so sehr auf Kabul übergreift. Wir
haben uns aber auch darauf vorbereitet.
Ich hatte ein wenig Angst, dass es aufgrund dieser
Lageentwicklung zu einer Urlaubssperre kommt. Nun konnte ich
gestern aber trotzdem nach Termez ausfliegen. Dadurch habe
ich heute einen ganzen Tag Zeit, um mich zu entspannen und
auf meine Heimkehr vorzubereiten. Als erstes habe ich richtig
ausgeschlafen. Danach habe ich mir die Bilder der letzten vier
Monate zu Gemüt geführt. Nun werde ich mich ein wenig in die
Sonne legen und von dir träumen. HDL Dein Andre*

*

zwei Wochen Urlaub in Deutschland

*

*Kabul, 28. Mai 2005
Hallo Meine Sonne, ich bin wieder im Staub von Kabul
angekommen. Der Abschied von dir fiel mir sehr schwer, nach
diesen beiden traumhaften Wochen mit dir. Gerade in der Nacht,
als du mich nach Brandenburg gebracht hattest, war es verflixt.
Wir kamen vier Stunden zu früh am Flughafen an, wie
vorhergesagt. Dort telefonierte ich mit meinem Bruder. Er sagte,
dass wir für den Urlaubs- Flug nach Brasilien mit 1200 € pro
Person rechnen müssen. Ich denke, das ist sehr viel Geld.*

Während dem Warten musste ich immer an dich und unsere Hochzeit im Oktober denken.

Der Flug nach Termez war diesmal sehr angenehm. Ich ergatterte einen Platz ohne direkten Nachbarn und konnte mich richtig ausbreiten. Am Flughafen in Hannover traf ich einige Kameraden aus Kabul wieder. Allerdings kam keine rechte Wiedersehensfreude auf. Alle waren im Kopf noch bei ihren Familien. Im Flugzeug verging die Zeit beim Lesen, Essen, Trinken und Film schauen (Oceans Eleven) sehr schnell. Als wir in Termez landeten, war es schon dunkel. In den Zelten konnte man durch die Hitze kaum schlafen (ca. 26° C). Also setzte ich mich noch ein wenig ins Freie und beobachtete einen Kauz bei seiner Nachtjagd. Nach einer kalten Dusche gelang es mir doch, noch fünf Stunden zu schlafen.

Heute früh stand der Transit nach Kabul an. Während der Wartezeit alberten wir noch ein wenig herum. Dabei fiel mir auf, dass Björn jedes Gespräch als eine Art Machtkampf auffasst. Er widerspricht mir praktisch bei jeder Aussage. Als ich ihm erzählte, dass wir beide heiraten wollen, erklärte er mir erst einmal, wie falsch dies in Deutschland sei. Als nächstes „wies er mich darauf hin", dass wir die Unterkünfte für unsere Gäste selber zahlen müssten… Klugscheißer!…

Der Flug nach Kabul verlief problemlos. Nur kurz vor der Landung löste ein Raketenabwehrsystem an dem Flugzeug aus und schoss die Täuschkörper (Flairs) ab. Das war ein kurzer Schreck. In Kabul begrüßte uns Sonne und Staub. Als wir im Camp Warehouse ankamen, wurde ich herzlich begrüßt. Es gab natürlich viel zu erzählen. Martin freute sich über unsere

*Hochzeitspläne. Herr Linz, unser Kommandeur, hat sich auch
gleich selbst eingeladen. René möchte ich auch dabei haben. Ich
hoffe, du bist nicht sauer, wenn so viele Soldaten teilnehmen.
Martin hat zurzeit einige Probleme. Er hat es mit dem Feiern ein
wenig übertrieben. Wenn es richtig schlimm wird, muss er sogar
vorzeitig nach Deutschland zurück und bekommt eine hohe
Geldstrafe. Ich bin noch dabei herauszufinden, welcher Idiot ihn
verpfiffen hat.
Ansonsten war in meiner Abwesenheit hier einiges los. Auf die
Stadt gab es zwei Raketenangriffe. Von der Entführung der
italienischen CARE Mitarbeiterin hast du ja gehört. Außerdem
wurde in den Bergen eine Mädchenschule zerstört. Heute habe
ich auch die Bilder von der entführten, jungen Italienerin gesehen.
Das Bild hat mich beeindruckt, vor dem Hintergrund dieser
Entführungsstory. Wir gehen davon aus, hoffen, dass sie noch
lebt. Das Ergebnis ist offen. In Folge des Raketenangriffs brannte
ein Krankenhaus des Afghanischen Geheimdienstes vollkommen
aus. Wie durch ein Wunder wurde niemand verletzt. Die Angriffe
nehmen zu, wie es sich vor meinen Urlaub schon andeutete. Für
mich heißt das, jetzt nochmal siebeneinhalb Wochen Ohren steif
halten und nochmal alles geben. Ich freue mich schon riesig auf
dich, dein Andre.*

*

Kabul, 29. Mai 2005
*Hallo meine Liebe, heute habe ich richtig schön ausgeschlafen
und meine Recreationtime (Sonntag) genutzt. Der Transfer war*

doch sehr anstrengend, so dass ich glatte zwölf Stunden durchgeschlafen habe. Danach arbeitete ich mich in aller Ruhe wieder ein. René hat mich zwar hervorragend vertreten, trotzdem blieb das eine oder andere liegen. Das Wetter ist zurzeit wirklich witzig. Bei dir in Werder (Havel) sind +34° C, und bei mir im angeblich „heißen" Afghanistan hat es heute wieder den ganzen Tag geregnet. Wenn ich an unsere Einweisung denke, muss ich nur lachen. Bei der hieß es, hier in Kabul regnet es maximal zehn Tage im Jahr.

Die italienische Geisel scheint noch am Leben zu sein. Euronews und einige afghanische Sender zeigten heute Bilder der Frau mit ihren Entführern. Sie schien vollkommen von der Rolle und nuschelte nur Unverständliches und ein Datum. Ich hoffe, sie kommt gesund frei.

Bei Martin seiner Party- Geschichte wird die Strafe scheinbar doch ziemlich drakonisch. Er hatte zusammen mit Leon zu viel getrunken. Danach schlugen sie sich gegenseitig, spaßeshalber vor den Soldaten ihrer Züge. Außerdem schlossen sie verschiedene Wetten ab. Wer verlor, musste einmal mit heruntergelassener Hose um den Fußball-Kicker tanzen, beide verloren je einmal. Die Aktionen sind zwar nicht in Ordnung aber „was keiner weiß, macht keinen heiß". Irgendjemand aus ihrem Umfeld hat sie vermutlich angeschmiert. Zurzeit sieht es so aus, dass beide eine heftige Disziplinarstrafe bekommen und vorzeitig zurück nach Deutschland fliegen. Angeblich kann es sogar soweit kommen, dass die beiden wegen ihres Verhaltens aus der Bundeswehr entlassen werden. Das glaube ich aber nicht. Ich

finde das Ganze nur schade, denn ich halte sie beide für sehr
gute Kerle und hervorragende Zugführer.
Das soll es für heute gewesen sein. Ich freue mich schon riesig
auf die Heimat. Andre.

*

Kabul, 30. Mai 2005
Hallo meine Sonne, letzte Nacht war wirklich die Härte. Ich hatte
gerade begonnen einzuschlafen, als das Funkgerät losging. Es
gab um 01:13 Uhr einen Raketenangriff auf das ISAF
Hauptquartier,
ca. fünf Kilometer entfernt von uns. Wir sendeten das EOD-Team
(Sprengstoffspezialisten) und ein Arzt Team. Die bauten allerding
auf den Weg dahin einen schweren Unfall. Vier Verletzte, davon
einer schwer, waren die Folge. Bei dem eigentlichen Angriff
wurde nur ein Soldat leicht verwundet. Ansonsten gab es nur
Sachschaden.
Am Morgen um 09:30 Uhr, als sich die Aufregung leicht gelegt
hatte, erfolgte ein Bombenanschlag in der Nähe unseres Camps.
Der Sprengsatz war diesmal an einem Fahrrad befestigt. Dieser
sollte ein schwedisches ISAF-Fahrzeug treffen. Er zündete
allerdings ein wenig zu spät, und die Schweden wurden nur leicht
getroffen. Ein folgendes Taxi erwischte es allerdings voll. Fünf
Verletzte, davon zwei Schwerverletzte waren die Folge, was für
eine miese Aktion. Wir werden jetzt diese Terroristen jagen, bis
wir sie haben. Morgen früh werden wir erst mal ein weiteres ihrer

Waffenverstecke ausheben. Bisher hatten wir richtig viel Glück. Ich hoffe, dass beleibt auch in Zukunft so.

Bei Martin sieht es weiterhin schlecht aus. Er nimmt zurzeit alles mit großem Abstand hin. Ich glaube, es geht ihm richtig schlecht. Ich bot ihm heute nochmal meine Hilfe an. Ansonsten habe ich morgen eine Gesprächsrunde mit afghanischen Studenten. Ich bin sehr gespannt, was sie fragen und erzählen werden.

Im Laufe des Tages habe ich mit dem Pfarrer gesprochen. Ich werde mich noch hier im Einsatz Taufen lassen. Er war sehr freundlich. Den genauen Termin werden wir morgen festlegen. Ich liebe dich!!!

*

Kabul, 31. Mai 2005

Hallo Catherina, ich sitze gerade wieder in meinem Bett und höre nach diesem Tag die Filmmusik von „Black Hawk Down". Sie passt wunderbar zu diesem Land.

Heute Nachmittag hatte ich ein zweistündiges Gespräch mit einigen afghanischen Studenten. Am meisten redete ich mit einem Studenten mit dem Namen Pariz. Er war total aufgeregt und erzählte unheimlich viel, u.a. dass er eine heimliche Freundin hat, die er nur per Telefon an der Uni erreicht. Ihre und seine Eltern würden der Beziehung niemals zustimmen, weil er Sunnit und sie Schiit ist. Das kannst du vergleichen mit den Katholiken und Protestanten in Europa. Meist suchen die Familien die Frau für den Mann aus und müssen eine beträchtliche Summe aufbringen, um die Hochzeit zu bezahlen.

Das Treffen war echt toll. Die Studenten studieren Germanistik und lernen bei einer deutschen Professorin. Sie wurde vom DAAD (Deutsche Akademische Austauschdienst) angeheuert, um unsere Sprache in Kabul zu lehren. Ich gab Pariz meine E-Mail Adresse und hoffe, dass er mir schreibt.

Ansonsten beschäftigte uns heute Martins und Leons Ausreißer wieder. Ich hatte meine Arbeit, die Vertrauensperson davon zu überzeugen, dass die beiden nicht nach Hause geschickt werden. Das hat für den ersten Teil funktioniert, auch wenn mich deren Blödheit ärgert. Sie brachten sich vollkommen unnötig in Not. Martin erzählte mir heute, dass Carolin total sauer auf ihn war, und die ganze Sache nicht verstanden hat. Ich finde, dass die beiden gerade in dieser verzwickten Lage zusammenhalten sollten.

Du schreibst mir gerade, dass deine Arbeit für die Bauhütte von Herrn Müller sehr gut ankommt. Vielleicht bekommst du ja wirklich einen Folgeauftrag. Verdient hast du es auf jeden Fall….
Viele zärtliche Küsse für dich von mir..

Juni 2005

Kabul, 01. Juni 2005

Allerliebste Catherina, ein trauriger und freudiger Tag liegt hinter mir. Traurig war ein weiterer Anschlag, diesmal in der im Südwesten von Afghanistan gelegenen Stadt Kandahar. Dort sprengte sich während einer Trauerfeier in einer Moschee ein Selbstmordattentäter in die Luft. Zwanzig Menschen waren sofort tot, vierunddreißig wurden verletzt. Unter den Toten befand sich auch der Polizeichef von Kabul. Ausgerechnet mit dem wollte sich heute unser Kommandeur treffen. Das Schicksal wollte es anders.

Ich selbst unternahm heute eine Patrouille nach Surobi. Wir erkundeten einen Ort für eine neue Polizeistation. Wir, d.h. die deutsche Polizeimission, das deutsche Technische Hilfswerk, die Briten und die Gesellschaft für Technische Zusammenarbeit arbeiten an dem Projekt. Wir hoffen, dass dadurch die Hauptstraße nach Pakistan etwas sicherer wird. Es handelt sich bei den „Polizeistationen" um einfache Häuser mit einem Büroraum und einem Schlafraum. Außerdem erhalten alle Funkgeräte, Solarkollektoren und einen Brunnen.

Unterwegs trafen wir eine US-Patrouille. Die Atmosphäre während der Absprachen war sehr entspannt. Das ist nicht immer so. Die Amerikaner wollten in unserem Bereich operieren, angeblich um Brunnen für die Bevölkerung zu bohren.

Gestern Abend setzte ich mich noch mal bei den Vertrauenspersonen für Martin und Leon ein. Diese Aktion hatte Erfolg. Der Kommandeur belässt beide im Einsatz. Sie können also beide hier ihren Dienst zu Ende bringen, und Martin kann auch in Brandenburg seinen neuen, geplanten Posten antreten. Wie du dir vorstellen kannst, habe ich mich riesig für die beiden gefreut.

Das Schönste an diesem Tag war, endlich wieder deine Stimme zu hören. Leider war unser Plausch viel zu kurz. Ich vermisse dich sehr. Am Abend schaue ich, wie lange es noch bis zu unserem Wiedersehen dauert. Bis morgen, viele Küsse aus der Wüste…

*

Kabul, 02. Juni 2005

Hallo meine Sonne, endlich funktioniert unsere Telefonverbindung wieder. Es ist wunderschön, mit dir zu reden und deine Stimme zu hören.

Ich muss mich regelrecht zwingen, mehr als nur den Routinedienst anzugehen. Das ist schlecht. Ich muss irgendwie den Weg zu mehr Schwung finden. Gerade dafür sind meine Telefonate mit dir wichtig. Du baust mich auf. Morgen geht es los!!! Ich will noch einige Aufbauprojekte anschieben bevor ich gehe.

Heute Nachmittag besuchte ich unseren Militärpfarrer. Ich werde mich am 03. Juni taufen lassen. Taufpaten habe ich keine bestellt. Für die Vorbereitung muss ich drei Taufgespräche mit dem Pfarrer wahrnehmen. Außerdem lerne ich das apostolische Glaubensbekenntnis auswendig und lese das Lukas-Evangelium sowie die Zehn Gebote. Dabei hilft mir deine Bibel sehr. Nun muss ich nur noch die verschiedenen Interpretationen durchlesen.

Das ist alles sehr interessant. Am Abend war ich noch im Fitnesszelt laufen, um den Kopf frei zu bekommen.

Nun werde ich langsam schlafen gehen. Eine traurige Sache habe ich noch. Mein Sonnenblumenexperiment ging schief. Die Pflanze ist vertrocknet. Hauptsache bei uns zu Hause blüht es auf dem Balkon. Ich liebe dich, dein Andre.

*

Kabul, 05. Juni 2005

Hallo meine Sonne, heute muss ich dir endlich wieder schreiben. Bei uns war in den letzten Tagen sehr viel los. Vorgestern ist eines unser Transportfahrzeuge, ein Dingo, auf eine sechs Kilogramm Mine gefahren. Zwei unserer Männer wurden verletzt, einer am Auge, der andere an der Wirbelsäule. Das Fahrzeug wurde vollkommen zerstört, hat sich allerdings als wirksamer Schutz bewährt. In jedem anderen Auto wäre die ganze Besatzung jetzt tot.

Gestern fand bei uns wieder einer dieser „Runden Tische Entwicklungshilfe" statt. Ich glaube, dass wir dadurch wieder einige Projekte angeschoben haben und damit einiges bewegen. Diesmal saßen das deutsche Technische Hilfswerk (THW), die deutsche Gesellschaft für Technische Zusammenarbeit (GTZ) und die Amerikaner (USAID) mit am Tisch. Trotz dem Erfolg bin ich der Meinung, dass wir noch größere Projekte anstoßen könnten. Ich werde versuchen, SIEMENS in Afghanistan und die lokalen Vertreter der UN mit ins Boot zu holen.

Heute besuchte uns auch ein Kamerateam vom MDR-Fernsehen. Ich habe ihnen das Kinderkrankenhaus- Projekt in der Innenstadt gezeigt. Deine Postkartenaktion kam auch sehr gut an. Sie wollen das Thema mit in ihren Beitrag einfließen lassen. Morgen werde ich mit dem Team nach Khak-e-Jabbar fahren und ihnen einige Projekte vorstellen, wie einen Staudamm und eine Schule. Mal sehen, was sie aus dem Filmmaterial zaubern.

Deine Entwürfe für die neue Webseite sehen klasse aus. Ich finde, dein Stil ist zu erkennen und deine Projekte stehen im Mittelpunkt. Ich vermisse dich sehr! Dein Andre.

*

Kabul, 06. Juni 2005

Hallo mein Schatz, ich habe deine Urlaubsbilder aus den Alpen heute erhalten. Du siehst darauf echt toll aus, richtig erholt und auf Wandern eingestellt.

Ich war heute die meiste Zeit des Tages mit den MDR Journalisten unterwegs. Die kleine Crew bestand aus Galina Bretschneider (Redakteurin), dem Kameramann Peter und dem Tontechniker Reinhard. Ich tat mich heute mit der Rolle des Guide etwas schwer. Am Morgen filmten sie unsere Stube. Dabei schossen sie auch Bilder von deiner Postkarte und natürlich von der Dynamo Dresden Fahne. Danach fuhren wir nach Kahk-e-Jabbar und machten den ganzen Tag über Filmaufnahmen und Interviews. Ich bin sehr gespannt, was letztlich von den Bildern auf Sendung geht.

Ich bin jetzt total müde und werde schlafen gehen. Ich liebe dich,
dein Andre.

*

Kabul, 09. Juni 2005

Hallo meine Sonne, heute wird es Zeit, dass ich dir endlich
wieder ein paar Zeilen schreibe. In den letzten zwei Tagen war
ich immer vollkommen fertig. Vielleicht lag es an dem drückend
heißen Wetter. Gestern Abend erhielt ich die lang ersehnte Post
von dir, samt Päckchen. Ansonsten hatte ich gestern einen
Erkundungsflug nach Surobi auf dem Programm. Wir flogen nur
mit drei Erkundern auf den zwei Hubschraubern. Ich zeigte dem
Piloten, wo er lang fliegen sollte, und die anderen beiden haben
fotografiert. So ein Flug ist immer wieder spannend, auch wenn
es mir nach dem Konturenflug immer schlecht geht.
In den letzten Tagen erhielten wir Infos, dass sich in unserem
südlichen Bereich sechzig gegnerische Kämpfer aufhalten sollen.
Mal sehen, was sich da so zusammenbraut. Heute erlebten wir
einen sehr gut geplanten Einbruch in unser Camp. Dabei wurden
von Kindern zwei hoch-moderne Bewegungsmelder gestohlen.
Die Sicherungssoldaten reagierten nicht schnell genug. Ein
echter Clou, den die Jungs da gelandet haben.
Über den Tag war ich noch ein wenig Laufen. Das tut mir immer
richtig gut. Ich denke dabei viel an uns und wie alles so
weitergehen könnte. Irgendwie ist alles offen, nur du bist eine
Konstante in meinen Leben. Ich habe heute Abend erfahren,
dass mein vorgesetzter Brigadekommandeur die bestmögliche

Beurteilungsstufe für mich gewählt hat. Vielleicht werde ich am Ende doch noch Berufssoldat!?! Wir werden sehen…. Große Sehnsucht!

*

Kabul, 10. Juni 2005
Meine liebste Catherina, nun sind es nur noch neununddreißig Tage, bis wir uns wiedersehen. Auf der anderen Seite sind es neununddreißig lange Tage ohne dich.
Heute unternahm ich eine Fahrt nach Bagram, in den Norden von Kabul. Um dort hin zu gelangen, fährt man ca. fünfzig Kilometer durch eine Art Hochebene. Wir fuhren durch ein starkes Gewitter, so dass zwischen den Bergen des Hindukusch-Ausläufers die Blitze nur so zuckten. Bagram selbst ist einer der Hauptstützpunkte für die US-Truppen hier. Ich musste einige Absprachen für die nächste Woche treffen, für eine gemeinsame Aufklärungspatrouille mit den US-Jungs. Danach genoss ich noch zwei leckere Cheesburger und einen Kaffee bei Burger King. Im US-Camp gibt es tatsächlich eine Filiale. Nächste Woche werde ich für zwei Tage unseren ganzen Verantwortungsbereich abfahren und dabei kontrollieren, ob alle Wiederaufbauprojekte auch funktionieren. Mal sehen, was dabei alles so zu Tage tritt. Eine interessante Info habe ich schon heute erhalten. Die Mohnfelder im Uzbeental sollen Angehörigen der Familie des afghanischen Präsidenten gehören. Das wäre eine krasse Geschichte, wo er sich doch sonst so als der Wohltäter aufspielt. Auf der Hauptstraße nach Jalalabad wurden letzte

Woche vier Nachschubkonvois angegriffen. Einer davon in unseren Bereich in Surobi, mit drei Haft-Minen. So stören die Ausständigen unsere Nachschubverbindungen.

Morgen werde ich mir deine Spagetti mit Pesto zu Gemüte führen. Davon bekomme ich scheinbar nie genug. Bis Morgen, deine Kerze leuchtet jetzt jeden Abend bei mir! HDL

*

Kabul, 11. Juni 2005

Meine liebe Sonne, wieder ist ein Tag vergangen. Heute Abend habe ich für dich ein kleines Päckchen gepackt. Ich hoffe, du freust dich über die „World Music" aus Kabul.

Am Morgen hatte sich das ganze Bataillon, also ca. sechshundert Soldaten auf dem Wagenabstellplatz versammelt. Dort sollte unser Einsatzfoto geschossen werden. Man erkennt zwar den Einzelnen kaum, aber trotzdem eine beeindruckende Kulisse. Bei dieser Gelegenheit wurde ich vom Kommandeur mit einer „Förmlichen Anerkennung" ausgezeichnet. Damit ist ein Tag Sonderurlaub verbunden. Den werden wir beide gemeinsam genießen. Nach dem Fototermin besuchte ich unseren afghanischen Frisör. Ich finde immer noch, dass er hervorragend schneidet. Allerdings kostet das mittlerweile auch drei Euro pro Haarschnitt. Gemessen an der Qualität seiner Arbeit scheint mir das aber immer noch außergewöhnlich preiswert.

Am Nachmittag besuchte ich unser Fitnesszelt und nutzte das Laufband. Nach genau einer Stunde hatte ich meine zehn

*Kilometer geschafft. Eigentlich wollte ich draußen laufen, aber
heute Nachmittag gewitterte es bei uns mächtig.
Am Abend gab ich die Befehle für unsere nächste Patrouille aus.
Dabei wollen wir ab morgen den gesamten Bereich zwischen
Kabul – Surobi – Khak e Jabbar abfahren und alle
Wiederaufbauprojekte kontrollieren. Das werden zwei
anstrengende aber auch spannende Tage.
Große Liebe, Dein Andre*

*

Kabul, 16. Juni 2005
*Hallo meine Sonne, nun sind es schon vier Tage her, dass ich dir
das letzte Mal einen Brief schrieb. Ich bin ein wenig
angeschlagen und habe Kopfschmerzen.
Montag und Dienstag verbrachte ich in den Bergen und führte
eine Aufklärungspatrouille über eine Strecke von ca. dreihundert
Kilometer. Am Montag marschierten wir 05:00 Uhr von unseren
Camp ab, gemeinsam mit den US-Soldaten. Nach einer Fahrt
über Stock und Stein kamen wir gegen Mittag im Uzbeental, in
der kleinen Ortschaft Yagdand an. Dort kontrollierten wir den
neuen Brunnen, den die Amerikaner für die Einwohner spendiert
hatten. Nach einem Mittagessen bei dem Malek, zusammen mit
dem Weißbärten (Dorfältesten), zeigte uns ein Einwohner ein
nahe gelegenes Waffenversteck. Ich vermute, die US-Jungs um
Sergant Cochran hatten die Info schon vor uns. Wir räumten alle
Granaten raus und sprengten sie. Das gab einen mächtigen Hieb,
der in den Bergen ein vielfaches Echo auslöste. Dieses Tal*

(Uzbeen Tal) wirkt total urzeitlich. Man kommt sich vor, wie in einer Zeitreise. Angelehnt an die kleinen Bergdörfer sieht man viele Mohnfelder und auch Getreidefelder. Das Uzbeental gilt in unserer Gegend als der gefährlichste Ort. Viele der Terroristen sollen von hier kommen. Als ich dieses Gebiet durchstreifte, kam es mir nur archaisch und freundlich vor!?!

Auf dem Weg in dieses Gebiet streikten noch zwei unserer Fahrzeuge, eines von den US-Jungs und eines unserer Fahrzeuge. Du kannst dir die Wege nicht vorstellen. Oft erkennt man sie kaum, vor allem wenn man Flüsse durchwaten muss. Die Nacht verbrachte ich mit meinen sieben Mann + Sprachmittler (Herr Schocholach) nahe dem Naglu Stausee. Nach fünf Stunden Schlaf setzten wir um 04:30 Uhr unsere Patrouille fort. 06:00 Uhr trafen wir in dem Dorf Choandee ein, an der alten Lataband Straße. Bei dem örtlichen Malek Ali Ahmad erhielten wir etwas Fladenbrot und einen leckeren Tee. Für den Ort planen wir, den Bau eines Brunnes zu unterstützen. Außerdem stellten wir vor einiger Zeit fünf Zelte für eine provisorische Schule bereit. Bei der Gelegenheit kontrollierten wir gleich, ob sie noch da sind. Sie waren da. Danach ging es nach Norden entlang eines schlechten Feldweges, der einmal Teil der Seidenstraße war. Es beeindruckt mich sehr, zu sehen, wie über tausend Jahre Geschichte in einem schlichten Feldweg stecken können. Im Tizintal, der sogenannten Gandamkstraße überprüften wir noch mehrere Brunnenbauten und Schulprojekte. Dies war sehr ernüchternd, da eine für hiesige Verhältnisse tolle Schule nicht genutzt wird.

*Der notwendige Brunnen führte kein Wasser, und die Regierung
bezahlt keine Lehrer.*

*Am Nachmittag wechselten wir von dem Tal auf die benachbarte
Hochebene Khak e Jabbar. Das war wirklich abenteuerlich. Wir
tasteten uns eine längere Zeit nur durch ein Flussbett vorwärts
und kamen am Ende bei einem steinigen Totenplatz an, der hier
durch wehende Fahnen gekennzeichnet ist. Der Totenplatz stellt
gleichzeitig den Pass und das Tor in die Hochebene dar.*

*In Khak e Jabbar fuhren wir erst vorsichtig durch ein spärlich
gekennzeichnetes Minenfeld, da der Weg abgebrochen war.
Dabei war mir alles andere als Wohl zumute. In einer Ortschaft
zogen wir noch einen festgefahrenen Bus der Einheimischen aus
dem Fluss und führten mehrere Gespräche mit Maleks und
Polizisten. Eine Schule, die wir besuchten, war mit zwei Raketen
beschossen worden. Die Mädchen sollten nicht mehr zu dieser
Schule gehen. Eine ungerechte Auslegung des Korans, wie ich
finde.*

*Auf dem Rückweg kamen wir noch an einem Stausee vorbei.
Dieser brach nach einer versuchten Reparatur unserer Pioniere
gestern. Jetzt ist die Betroffenheit groß. Vielleicht eröffnet uns
dies die Möglichkeit, ihn richtig in Stand zu setzen. Bevor dies
geschieht, werden die Bauern den heißen Sommer ohne Wasser
aus diesem Reservoire überstehen müssen.*

*Als wir kurz vor Camp Warehouse waren, entdeckte ich zwei
verdächtig aufgestellte Granaten am Straßenrand. Wir stoppten
und sperrten den Bereich ab. Nachdem wir den EOD
(Sprengstoffexperten) angefordert hatten, sprachen wir mit den
Nomaden, die in der Nähe ihr Lager aufgeschlagen hatten. Sie*

erklärten uns, dass bei ihnen noch mehr Munitionsteile
herumliegen und schleppten ca. 40 weitere alte Granaten heran.
Nach drei Stunden traf endlich der EOD ein, türkische
Kameraden. Sie bereiteten zügig die Vernichtung der
Munitionsteile vor. Wir machten während dessen den Nomaden
klar, dass sie den Bereich jetzt verlassen müssten. Im Anschluss
wurde das ganze Zeug gesprengt, erledigt.
Nach diesen beiden harten aber auch spannenden Tagen war
ich gestern total fertig. Gestern und heute kümmerte ich mich
erst mal wieder um den Papierkram. Heute früh trafen wir uns
schon wieder mit den Amis. Sie wollen zusammen mit der
afghanischen Armee in unserem Verantwortungsbereich
operieren…
Warum erzähl ich dir das alles? Wahrscheinlich bist du vielmehr
mit deiner Arbeit beschäftigt. Danke, dass du mir zuhörst. Ohne
dich wäre die Welt gegenwärtig ohne Sinn. Ich freue mich riesig,
dich endlich wieder zu sehen. Es sind heute noch 33 Tage.
Tausend Küsse, dein Andre

*

Kabul, 17. Juni 2005
Meine liebe Catherina, vor ungefähr einer halben Stunde hatte
ich die Möglichkeit, dich per Videokonferenz zu sehen und zu
sprechen. Du sahst wie immer super aus. Ich war so perplex,
dass ich überhaupt nicht wusste, was ich dir erzählen sollte. Ich
hoffe, dass aus dem Kontakt zu meinem Reservisten-Kameraden
Reinert sich für dich ein paar Aufträge ergeben. Seine Frau

engagiert sich jedenfalls sehr für das Kinderkrankenhaus. Meine Kopfschmerzen lassen heute etwas nach. Dafür liegen jetzt René und unser Kommandeur mit einer Grippe im Bett. In der Stadt grassiert momentan eine Choleraepidemie mit ca. dreitausend Betroffenen. Jetzt haben bei uns viele Ängste, dass auch sie sie sich anstecken könnten. Das ist allerdings höchst unwahrscheinlich.

Ansonsten versucht man uns gerade auszutesten. Heute früh versuchte jemand zum Beispiel einen Karton über den Sicherungszaun zu werfen. Am Nachmittag fanden unsere Soldaten Panzerminen auf der Straße vor unserem Camp, ausgelegt unter Zementsäcken.

Ich versuche gerade die Schäden zu ermitteln, die durch den Dammbruch entstanden sind, von dem ich dir geschrieben hatte. Außerdem organisiere ich Mittel, um die Schäden zu beheben, Gelder und schweres Baugerät. Für die Rekonstruktion des Damms standen schon vor dem Malheur ca. eine Million Dollar aus Indien bereit. Die dadurch entstandenen Straßenschäden reparierten heute unsere Pioniere zusammen mit einer chinesischen Baufirma. Jetzt hoffe ich, dass alles recht schnell geht.

Noch 32 Tage bis wir uns wieder sehen! Es ist eine schöne Vorstellung, dich wieder in meine Arme nehmen zu können. Dein Andre

*

Kabul, 22. Juni 2005

Liebste Catherina, gestern habe ich dein Paket erhalten. Das ist immer wieder eine gewaltige Aufmunterung, denn mittlerweile ist meine Sehnsucht nach dir so groß, dass ich an kaum etwas anderes denken kann. Morgen sind es noch 26 lange Tage.

Meine Arbeit ist zurzeit außergewöhnlich stressig. Ich schreibe an dem Gesamterfahrungsbericht für unseren Einsatzverband, plane Operationen, plane Übungen, bereite die Übergabe an unsere Nachfolger vor und habe eine größere Anzahl von zivilen Aufbauprojekten zu managen. Das gibt mir allerdings auch die Möglichkeit, regelmäßig in der Gegend herumzufahren. Am Dienstag war ich wieder in Bagram bei den Amis. Dort holte ich fünfzehn Rollstühle für ein Medizinprojekt ab. Außerdem habe ich mit den Nachfolgern von unseren US-Kameraden des PRT Parwan (Provincial Reconstruction Team) gesprochen. Sobald ich das Camp verlasse, wird mein Kopf frei. Das ist echt witzig. Morgen früh fahre ich wieder nach Khak e Jabbar, diesmal mit den Italienern. Sie verfügen über schweres Baugerät und sollen die Straße in die Berge instand setzen.

Irgendwie komisch! Ich muss gerade an meine Großeltern in Meißen denken. Ich wäre sehr froh, wenn sie auch bei unserer Hochzeit dabei sein könnten. Sie hätten sich sicher sehr gefreut. Am klarsten erinnere ich mich an meinen Opa. Er konnte so wunderbar über die Welt erzählen, über seine Reisen nach Paris, Polen, Russland oder Norwegen… Er war ein wunderbarer Mensch. Aus dem Wohnzimmer in Meißen hatte man einen wunderbaren Blick auf den Meißner Dom und das Elbtal. Im Zimmer standen ein schwarzes Klavier und darüber ein Gemälde.

Das sind alles so ferne Erinnerungen, aber manchmal holen sie einen doch ein.

Ich freue mich darauf, mit dir durch die Berge zu ziehen. Große Liebe, dein Andre.

*

Kabul, 24. Juni 2005

Hallo meine Sonne, gestern hatten wir bei uns ein Konzert von Peter Maffay. Das war ein tolles Erlebnis. Ich musste vor allem bei den Liebesliedern immerzu an dich denken. René sollte für dich ein Autogramm besorgen. Der Peter Maffay hat deinen Namen allerdings falsch geschrieben. Deswegen bin ich heute Abend selbst noch mal zu ihm gegangen, und nun kann ich dir eine „ordentliche" Autogrammkarte schicken. Peter Maffay hinterließ einen glänzenden Eindruck. Er hat unseren Martin zur Feier seines Geburtstages sogar auf die Bühne geholt.

Für Björn war heute der letzte Tag in Afghanistan. Für ihn ist es vorbei. Ich denke, er fand hier nicht seine Erfüllung. Wir beide schlossen am Ende eine Art Burgfrieden. Die Herzlichkeit, von vor dem Einsatz bleibt allerdings verschwunden. Gegen Ende unseres Einsatzes gibt es sehr viel zu tun. Ich habe gerade ein kleines Buch von einem Erfahrungsbericht zusammengestellt. Ich hoffe, unsere Nachfolger lesen es auch.

Ansonsten macht mir das internationale Geschäft immer noch Freude. Mit den Norwegern verstehe ich mich am besten. Mit Trum trinke ich nach unserem Meeting immer noch meinen Kaffee. Das hilft meinem Englisch und unserem

Informationsstand. Mit dem türkischen Pionierchef musste ich mich heute richtig anlegen. Er wollte mir bei der Instandsetzung einer für uns wichtigen Verbindungsstraße nicht helfen und hat mich für dumm verkauft. Da habe ich ihn ein wenig beschimpft. Am Nachmittag fuhr ich zusammen mit Hauptfeldwebel Steiner Schießen. Wir nutzten unseren Mercedes Wolf. Ich fuhr selbst. Das Gelände hier fordert die Fahrzeuge stark. Du glaubst nicht, wie viel Freude es macht, durch Flussbette und über Sandpisten zu düsen. Bis Morgen, dein Andre.

*

Kabul, 25. Juni 2005
Hallo meine Traumfrau, dieser Tag begann wunderbar. Ich hörte dich am Telefon!
Heute wollten wir unseren Kommandeur, Oberstleutnant Linz, eine Freude bereiten. Dazu diente uns ein kleines Gerücht. Es heißt, dass Herr Linz gern Golf spielen würde. Das stimmt zwar nicht, hält sich aber zäh. Weiterhin gibt es nahe Kabul eine Stelle, welche wir als Beobachtungspunkt nutzen. Von diesem Punkt in den Bergen genießt man einen herrlichen Blick über die Hochebene von Kabul. Irgendwann stellten wir fest, dass dies ein guter Punkt für ein Café wäre. Also tauften wir den Ort einfach Café Linz. René besorgte einen Golfball und einen Golfschläger. Gegen Nachmittag fuhren wir an die Stelle und bereiteten ein kleines Kaffeetrinken vor. Wir bauten sogar einen Tisch und Stühle auf. Michael lotste den Kommandeur dann zu dem Spot. Der war total überrascht und dann begeistert. Als Höhepunkt

durfte er noch einen Abschlag mit dem neuen Golfschläger schlagen. Er hat es verdient. Er ist ein sehr guter Kommandeur. Als wir am Abend wieder im Camp ankamen, wendete sich die Stimmung schlagartig. Wir erhielten die Information, dass in Rustaq (Norden) zwei unserer Kameraden bei einer Operation gegen ein Waffenversteck getötet wurden. Näheres wissen wir zurzeit noch nicht. Das ist wirklich schrecklich, auch wenn wir mit so etwas rechnen müssen. Es soll noch weitere Verletzte auch unter Zivilisten geben. Was zusätzlich belastet ist, dass ich dir am Telefon nicht sagen kann „mir geht es gut". Alle Verbindungen wurden gekappt. Erst müssen die Angehörigen informiert werden. Tränen hatten auch einige in den Augen, da viele natürlich die Männer gut kennen.
Ich freue mich auf dich und denke heute an die Familie der Toten Kameraden. Es wird Zeit, dass ich nach Hause komme. Dein Andre

*

Kabul, 28. Juni 2005
Hallo meine Sonne, morgen früh werden wir den beiden gefallenen Soldaten das letzte Geleit geben. Alle verfügbaren Männer und Frauen werden Spalier stehen, wenn die Särge zum Flughafen gebracht werden. Viele von unserem Einsatzverband kannten die Toten. Auch wenn diese Ehrenbezeigung die Männer für die Familien nicht wieder lebendig macht, ist es doch ein Zeichen, dass ihrer mit großer Achtung gedacht wird. Irgendwie schwebt über jedem, der draußen in den Operationen

arbeitet, ein Damoklesschwert. Ich glaube und bin froh, dass es an mir vorübergegangen ist.

Anderes Thema, ich scheine mir einen Virus eingefangen zu haben. Heute litt ich den ganzen Tag über an Kopfschmerzen und Bauchbeschwerden. In dieser Hitze hier lässt es sich kaum aushalten. Hoffentlich bin ich wieder gesund, wenn wir beide zusammen in die Berge fahren. Ich freue mich riesig auf den Urlaub mit dir. Ich nehme mir auf jeden Fall vier Wochen Urlaub. Ich wollte dir natürlich gleich eine Mail schreiben. Allerdings funktioniert das gerade nicht bei mir. Drei Wochen noch, dann haben wir uns wieder. HDL Dein Andre.

*

Kabul, 29. Juni 2005

Meine Sonne, heute 05:00 Uhr traten wir alle an und gaben den Gefallenen das letzte Geleit. Dabei passierten so viele Missgeschicke, dass der feierliche Charakter fast verloren ging. Da standen zwei Sanitäter falsch, zwei Sargträger fielen vor Anstrengung um, der Trompeter traf den Ton nicht und am Ende rutschte den verbliebenen Sargträgern fast Helm und Fahne von den Särgen… trotzdem tief beeindruckend…

Mir selbst ging es heute früh Elend. Ich habe mich nach dem Antreten zum Arzt begeben, danach am Tagesmeeting teilgenommen und mich dann doch wieder ins Bett gelegt. Erst gegen Nachmittag konnte ich wieder arbeiten. Durch die Vorbereitungen zur Übergabe, habe ich derzeit allerhand zu tun. Ich schreibe Beurteilungen, Erfahrungsberichte und entwerfe

einen genauen Zeitplan darüber, wer, wann, wen ablöst.
Natürlich läuft das alles neben dem normalen Tagesgeschäft. Ich
hoffe, so gehen die Tage bis zu unseren Wiedersehen schnell
um.
René ist jetzt auch krank. Er hat seine Zahnfüllung verloren.
Nachdem er heute beim Arzt war, hatte er mehr Schmerzen als
davor. Er fliegt schon am 13. Juli nachhause. Seine Freundin hat
für den Urlaub danach schon einen Flug nach Kanada gebucht.
Ich finde, dass ist eine gute Idee, obwohl ich nicht direkt nach
dem Einsatz Lust auf eine Fernreise hätte.
90 Kilometer östlich von uns, in einem Nachbartal des
Uzbeentals, wurde heute ein US-Helikopter abgeschossen.
Sechzehn Mann waren an Bord. Nach den letzten Infos überlebte
das anschließende Gefecht nur einer. Da bin ich doch froh, dass
ich bis zum Ende des Einsatzes nicht mehr Hubschrauber fliegen
muss. Nun werde ich schön von dir träumen. Große Liebe

*

Kabul, 30. Juni 2005
Meine liebe Catherina, nach unserem kleinen Streit am Telefon
flogen hier die Raketen. Irgendwelche Idioten haben wieder
versucht, Kabul zu beschießen. Da es René durch die
Zahnschmerzen noch schlechter ging als mir, bin ich
aufgestanden und habe die Operationszentrale übernommen.
Dort war allerdings schon der Kommandeur und managte am
Anfang alles alleine. Nach zehn Minuten Aufwachphase konnte
ich gut unterstützen. Letzte Nacht konnten wir die Übeltäter leider

nicht Dingfest machen. Das gelang uns allerdings heute, tagsüber bei einer Zugriffsoperation. Dabei konnten wir auch noch einige Waffen mit sicherstellen. Ob es der Mann wirklich war, wird sich noch herausstellen.

Bei mir selbst ist zurzeit der Dampf raus. Die Margen-Darm-Infektion raubt mir die Kräfte. Tagsüber geht es, aber früh und abends fällt alles zusammen. Ich muss gesund werden! Ich will doch mit dir die Berge genießen können. Die Krankheit grassiert zurzeit bei uns wie eine kleine Epidemie. Es gibt kaum einen, der noch nicht krank war oder ist.

Heute Abend habe ich es mir ein wenig schön hergerichtet, deine Kerze angezündet und Musik gehört. Ich liebe dich! Dein Andre

Juli 2005

Kabul, 02. Juli 2005

Liebste Catherina, heute vor zehn Jahren betrat ich in Schneeberg das erste Mal in meinem Leben eine Kaserne als Soldat, eine wirklich lange Zeit. Für mich ist dies trotz aller Entbehrungen ein sehr guter Beruf. Ein Beruf im Sinne von Berufung, trifft für mich am besten zu. Es ist ein Wahnsinn, wie viel ich dadurch in der Welt herumgekommen bin. In diesen zehn Jahren habe ich dich kennengelernt. Toll!

Gestern leitete ich ein Training zwischen unseren Infanterie Unteroffizieren und den türkischen Hubschrauberpiloten. Es ging um eine schnelle, reibungslose Zusammenarbeit beim Auf- und Absitzen von den Helikoptern, wie wir sie regelmäßig bei Operationen in den Bergen benötigen. Es war nicht einfach, die Kapazitäten für die Übung zu erhalten, da wir hier zu wenige Helikopter haben. Am Ende war die Übung inklusive Übungsflug für alle ein Erfolg.

Außerdem besuchte ich heute noch das afghanische Wasserministerium, um mehr Informationen zu erhalten, warum die Rekonstruktion des Staudamms in Khak e Jabbar nicht in Gang kommt. Leider hatte der Vertreter des Ministers keine Ahnung. Er wollte immer, dass wir die Arbeit für die Afghanen übernehmen. Von den letztens erwähnten eine Million Dollar aus Indien, war plötzlich keine Rede mehr. Nun haben wir für den 08. Juli einen Termin mit den Indern vereinbart. Ich bin sehr gespannt, was da rauskommt. Auf der anderen Seite bin ich mit einer Hälfte meiner Gedanken schon zuhause bei dir, gefährlich.

Ich hoffe, die Zeit vergeht schnell. Mein Nachfolger fliegt nun doch schon sieben Tage früher ins Einsatzland. Leider kann ich dadurch nicht eher Ausfliegen. Ich habe ihn nur länger am Hals. Bei der Erkundung nervte er sehr. Mal sehen. Bis morgen, dein Andre

*

Kabul, 03. Juli 2005
Heute war unser Recreation Tag (Sonntag), um uns ein wenig zu erholen. Irgendwie konnte ich aber nicht richtig ausschlafen. Deshalb setzte ich mich auch schon am Vormittag wieder an die Arbeit. Gegen 11:00 Uhr besuchte ich den Gottesdienst in der OASE. Diesmal klang der Chor nicht ganz so schief wie beim letzten Mal. Dabei dachte ich, dass es für dich bestimmt auch schön wäre, wieder in einem Chor zu singen. Deine Alt-Stimme klingt echt gut. Dort traf ich auch Martin. Bei dem trank ich heute Nachmittag noch einen Espresso. Dabei erzählte er mir, dass Carolin gar nicht mehr aus Werder (Havel) wegziehen möchte. Ich glaube, daran bist du nicht ganz unschuldig.
Am späten Nachmittag fuhr ich ins Camp Dogan zu den Türken. Die hatten René und mich schon lange zum Essen eingeladen. Es gab gegrilltes Lammfleisch, allerdings nicht wie erwartet Döner...:) Es schmeckte sehr lecker. René redete drei Stunden ununterbrochen. Am Schluss ging er mir ein wenig auf den Geist. Am Abend fand noch ein internes Meeting statt. Dabei kam zur Sprache, dass sich die Lage in Afghanistan weiter zuspitzt. Die Amerikaner verloren alleine letzte Woche einundzwanzig

Soldaten. Es gab im ganzen Land kleinere und größere Gefechte. In unseren Bereich schlug heute Abend wieder eine Rakete ein. Irgendwie bin ich nicht unglücklich, dass meine Mission hier in sechzehn Tagen zu Ende geht. Ein halbes Jahr war lang genug, dein Andre

*

Kabul, 05. Juli 2005
Liebste Catherina, gestern versuchten afghanische Jugendliche, den Zaun der unser Lager umgibt, durchzuschneiden und ins Lager einzudringen. Da gab einer unserer Soldaten Warnschüsse ab. Es wurde niemand verletzt.
Heute fuhren wir in eine kleine Ortschaft in der Nähe von Surobi, Choandee. Dort trafen wir uns mit einigen Mullahs und Maleks aus den Bergen. Darunter befanden sich auch einige zwielichtige Gestalten. Die meisten waren aber ehrbare Weißbärte. Wir sicherten das Dorf im Vorfeld mit dreißig Soldaten ab. Von dem Malek, der das Treffen arrangierte, Ali a Mad, wurden wir herzlich aufgenommen. Er servierte uns ein wenig Smalltalk Fladenbrot, Reis und leckeres Hammelfleisch. Dafür hatte er extra geschlachtet. Den Maleks zeigten wir Bilder von Dresden nach der Zerstörung 1945 und von heute. Wir wollten ihnen Hoffnung geben und zeigen, dass ein Wiederaufbau möglich ist.
Nach dem Tee wollten wir noch Schulhefte und Stifte an die Kinder verteilen. Dazu fragte ich den Mullha, ob er mir dabei behilflich sein könnte. Er rief über einen Lautsprecher alle Kinder des Dorfes zur Moschee. Allerdings kamen nur die Jungen. Die

Mädchen musste ich extra heranholen lassen. Den Mullha respektieren alle im Dorf. Er ließ die Kinder, welche wild um unseren Transportpanzer standen, sich setzen und verteilte zusammen mit uns gerecht an alle. Das funktionierte sehr gut und verhinderte den sonst normalen Kampf zwischen Kindern um jeden Stift. Ich war ganz stolz auf meine Idee, und die Kinder waren glücklich, auch die Mädchen.
Für die Bergdörfer gaben wir den Maleks und Mullhas noch einige Kisten mit Schulmaterial mit. Gestern erhielt ich meine Einsatzmedaillen von der NATO und von Deutschland.
Außerdem fanden wir heute eine Schlange in unseren Camp, Länge 1,5 Meter… :) Bis Morgen, dein Andre

*

Kabul, 07. Juli 2005
Hallo meine Sonne, gestern feierten wir unser Einsatzende mit der internationalen Crew. Die Norweger, Kanadier, Gurkhas, Italiener und auch René waren dabei. Nur die Türken fehlten leider. Heute Abend zelebrierten wir unsere interne „Abfliegerparty". Mir ist dieses Feiern langsam zu viel.
Mit meinem kleinen Team aus der Planungszelle des Einsatzverbandes unternahm ich heute eine ganztägige Erkundung Kabuls. Dabei fuhren wir vom Camp quer durch die Stadt zum zerstörten Königsschloss, von dort zur Blauen Moschee, zum Interkontinental Hotel und zum Königsgrab. Am Ende machten wir noch einen Halt bei der Minenräumfirma OMAR. Dort schauten wir uns alte Minen, Waffen und Raketen

an, die die Minenräumer in den letzten zehn Jahren einsammelten. Das war sehr interessant aber auch erschreckend. Zumal erst gestern wieder ein kanadischer Geländewagen auf eine Panzerabwehr-Mine fuhr. Das Fahrzeug wurde total zerstört. Wie durch ein Wunder überlebten die Insassen.

Während unserer kleinen Feier gestern Abend wurden wir wieder durch die Meldung von sieben Raketenabschüssen in unseren Verantwortungsraum unterbrochen. Im Anschluss gab es noch ein Feuergefecht zwischen den Terroristen und der afghanischen Polizei.

In zwölf Tagen bin ich bei dir. Heute werde ich etwas früher schlafen gehen. Ich liebe dich, dein Andre.

*

Kabul, 09. Juli 2005

Liebste Catherina, heute traf mein Nachfolger ein (Mike Frax). Jetzt weiß ich, wir sehen uns in elf Tagen wieder. Das ist für mich ein gutes Zeichen. Du weißt wahrscheinlich genauso gut wie ich, dass ich diese Trennung von dir nur mit viel Mühe aushalte.

Wir liegen jetzt zu viert auf der Stube. Ich bin gespannt, wie das funktioniert. Eigentlich ist mir das aber herzlich egal, denn bald bin ich weg hier.

Heute Abend gegen 18:00 Uhr standen unsere Männer in einem Feuergefecht. Im Uzbeental, dem entferntesten Winkel unseres Verantwortungsbereiches, beschoss man sie aus einem Hinterhalt. Sie erwiderten das Feuer ohne zu erkennen, ob sie die Gegner ausschalteten. Danach wichen sie aus. Verletzte auf unserer Seite gab es keine. Die Angreifer beschädigten nur die Fahrzeuge der Patrouille. Morgen früh sollen unsere Soldaten wieder in den Bereich vorrücken und den Gegner stellen. Auch diese Eskalation zeigt mir, dass meine Zeit in Kabul um ist. Bei mir fehlt zurzeit die Kraft in jeder Situation zweihundert Prozent Leistung abzurufen. Abends habe ich immer Kopfschmerzen. Hier werden unsere Nachfolger voll angreifen. Ich freue mich auf dich!

Morgen 11:00 Uhr findet meine Taufe in unseren kleinen Kirchenraum statt. Schade, dass du nicht dabei bist. Ich bin gespannt, wer an dem Gottesdienst teilnimmt. Ich habe niemanden eingeladen. Herumgesprochen hat es sich natürlich trotzdem. Ich werde an dich denken!

Heute Abend verbrachten wir noch einen gemütlichen Abend im Stab. Dabei feierten wir uns ein wenig selbst. Stimmung kam allerdings nicht auf. Das Gefecht im Uzbeental blieb bei allen im Kopf präsent. Ich liebe dich, dein Andre

*

Kabul, 10. Juli 2005

Meine große Liebe, Catherina, letzte Nacht konnte ich durch meine Grippe kaum schlafen. Ich hatte die ganze Zeit über Kopfschmerzen, Schüttelfrost und Halsschmerzen. Als ich gegen 04:30 Uhr kurz einschlief, flogen wieder zwei Raketen auf Kabul und René musste, mit viel Krach und Funksprüchen, in die Operationszentrale.

Als es hell wurde, war ich richtig froh aufstehen zu können. Es sollte ja der Tag meiner Taufe werden. Vormittags arbeitete ich noch ein wenig. Gegen 10:15 Uhr ging ich in die OASE, wo sich unser Kirchenraum befindet. Ich war zu früh, denn der Chor übte noch. Zwanzig Minuten vor der Taufe sprach ich alles nochmal mit unseren Pfarrer Groehues durch. Obwohl ich niemanden eingeladen hatte, war der Kirchenraum brechend voll. Einige mussten sogar stehen. Es waren viele Soldaten aus den Kompanien und praktisch der komplette Stab anwesend. Darüber freute ich mich riesig. Der Gottesdienst begann mit einer Reihe von Gebeten, Liedern und einem Psalm. Ich musste dabei an dich denken. Es wäre sehr schön gewesen, dich dabei zu haben. Zur eigentlichen Taufe musste ich vortreten und das Apostolische Glaubensbekenntnis vorlesen. Zuvor hatte der katholische Pfarrer aus einer meiner Lieblingsstellen in der Bibel vorgelesen. In der Geschichte bittet der römische Hauptmann Kafarnaum Jesus um Hilfe für seinen kranken Knecht (Lucas 7). Danach stellte mir Pfarrer Groehues die Glaubensfrage und benetzte meine Stirn mit Wasser. Meine Taufkerze behielt ich den ganzen Gottesdienst über, sogar beim Abendmahl in der Hand. Die Kollekte sammelten wir für das „Irene Salimi" Kinderkrankenhaus. Ca. 300 Euro kamen zusammen. Ich hatte eine schöne, sehr persönliche Taufe, dein Andre (noch neun Tage)

*

Kabul, 11. Juli 2005

Hallo Catherina, ich stecke mitten in der Übergabe an meinen Nachfolger. Er ist ein furchtbar eloquenter Typ. Ich kann kaum einen Satz aussprechen, ohne dass er eine Zwischenfrage stellt. Als erstes versuchte er meinen Übergabe Plan umzuwerfen, dann stellte er meinen Schreibtisch mit seinem Zeug zu. Beides trieb ich ihm aus. Bei der Erkundung brachte er es fertig, alte, scharfe Munition im Gelände aufzusammeln und mir abends auf den Tisch zu stellen. Seine trockene Feststellung dazu „Du kümmerst dich schon darum." Tue ich natürlich nicht!

Heute bleiben noch acht Tage, bis ich wieder bei dir zu Hause bin. Irgendwie freue ich mich zwar auf die Heimat, habe auch ein unsicheres Gefühl im Bauch. Morgen früh fahre ich das letzte Mal für diese Mission ins Kinderkrankenhaus „Irene Salimi". Dort übergeben wir das Blutanalysegerät. Kannst du dir vorstellen, dass wir insgesamt 15.000 Euro eingesammelt haben, ohne die Sachspenden. Ich finde, dass ist eine große Summe für unsere kleine Truppe. Damit helfen wir hier sehr vielen Kindern. Deine Spendenpostkarte brachte diese Spendenwelle zusätzlich ins Rollen. Ab morgen konzentriere ich mich auf die Übergabe der Kontakte für den „Runden Tisch Entwicklungshilfe". Dadurch erhalten die Neuen viele wichtige Kontakte. Gute Nacht.

*

Kabul, 13. Juli 2005

Liebste Catherina, langsam aber sicher geht mein Einsatz seinem Ende entgegen. Dies wird mein letzter Brief an dich aus diesem Einsatz. Gestern besuchte ich noch eine Werkstatt für Mercedes-Nutzfahrzeuge. Dort betreibt das deutsche Technische Hilfswerk eine Ausbildungswerkstatt. Gestern fand die offizielle Eröffnung statt. Die Gelegenheit nutzte ich gleich, um meinem Nachfolger die wichtigsten Punkte in der Stadt zu zeigen. Heute Vormittag übergab ich das operative Geschäft an ihn. Der Nachfolger für den Bereich Entwicklungszusammenarbeit flog heute ein. An ihn übergebe ich meinen „zweiten" Job in den nächsten Tagen.

Heute früh nahm ich an meiner letzten Lagebesprechung teil. Dabei übergab ich an alle die mir wichtig waren einen Kaffee Pot mit dem Wappen unseres Einsatzverbandes. Trum, der Norweger, verbrachte heute seinen letzten Tag in Kabul. Er schenkte allen einen Bildband über Norwegen. Mir schenkte er einen handgeschnitzten Holzteller mit dem Wappen seines Verbandes. Er ist wirklich ein klasse Typ. Zu ihm und den Engländer DJ werde ich auf jeden Fall Verbindung halten.

Ich gratuliere dir zu deiner neuen Stelle, als Dozentin für Produktdesign. Das ist echt toll!!!

Epilog

2006 / 2007 kehrte ich in den Einsatzraum Kabul zurück. Diesmal arbeitete ich als Führer eines Aufklärungs- und Verbindungstrupps. Die Sicherheitslage hatte sich zu diesem Zeitpunkt weiter verschlechtert, vor allem in der Region zwischen Kabul und Jalalabad (Surobi). 2008 quittierte ich meinen Dienst bei der Bundeswehr und arbeite seitdem in verschiedenen zivilen Aufgabengebieten. Ein Artikel aus dem Jahr 2008 wirft ein Schlaglicht auf die weitere Entwicklung im Einsatzraum südöstlich von Kabul. Hier heißt es

„Uzbeen Tal, Kabul Provinz, Afghanistan, 19. August 2008
Zehn Franzosen sterben in Hinterhalt der Taliban.
Französische Soldaten sind östlich der afghanischen Hauptstadt Kabul in einen Hinterhalt der Taliban geraten. Es kam zu heftigen Gefechten, bei denen zehn Franzosen getötet worden sein sollen. Auch bei den Angreifern gab es viele Tote. Der französische Präsident will noch am Dienstagabend nach Afghanistan reisen.
Gefechte mit radikal-islamischen Taliban-Kämpfern haben am Dienstag in der Nähe der afghanischen Hauptstadt Kabul zehn französische Soldaten von internationalen Schutztruppe Isaf das Leben gekostet. Das erklärte ein Vertreter der afghanischen Behörden in Kabul.
Wie aus Sicherheitskreisen in Kabul verlautet, griffen die Aufständischen den Isaf-Konvoi im Bezirk Surobi, rund 50 Kilometer östlich der Hauptstadt an. "Dutzende“ weitere Soldaten seien dabei verletzt worden, hieß es. Auch mindestens 27

Aufständische seien getötet worden, so ein Sprecher des afghanischen Verteidigungsministeriums.

Die Taliban bekannten sich im Internet zu dem Angriff. Taliban-Sprecher Sabihullah Mudschahed sagte der Nachrichtenagentur AFP, die Aufständischen hätten die Nato-Einheit im Bezirk Surobi mit Minen und Raketen angegriffen. Fünf Fahrzeuge seien zerstört worden. Die Nato habe mit Luftangriffen geantwortet, bei denen fünf Taliban-Kämpfer und 15 Zivilisten getötet worden seien. Dafür gab es keine unabhängige Bestätigung. Die Angaben der Taliban über Opfer in der Zivilbevölkerung erweisen sich häufig als übertrieben.

Der französische Rundfunk berichtete, die Soldaten seien Fallschirmspringer gewesen. Die französische Regierung hat den Angriff mittlerweile bestätigt. Der französische Präsident Nicolas Sarkozy sprach von einem „Hinterhalt mit extremer Gewalttätigkeit", in den die Soldaten bereits am Montagabend geraten seien. Die Gefechte dauerten bis zum Dienstag an.

Es habe sich um einen gemeinsamen Einsatz mit der afghanischen Armee gehandelt, erklärte Sarkozy. Es sei eine erhebliche Unterstützung der Verbündeten mobilisiert worden, um die in einen Hinterhalt geratenen Truppen zu retten. Nach afghanischen Regierungsangaben wurden vier der Franzosen zunächst gekidnappt und dann getötet.

- Ich verneige mich mit Respekt und Ergriffenheit vor dem Mut dieser Männer, die ihre Aufgabe bis zum höchsten Opfer erfüllt haben -, sagte der Präsident." (AP/DPA/AFP/PIF)

Am 31.12.2014 endete der ISAF Einsatz offiziell.

Autor

André Deinhardt studierte in München, Hagen und Cambridge Staatswissenschaften und Betriebswirtschaftslehre. Seine Promotion zum Dr.phil erfolgte über einen Teilaspekt des Kalten Krieges. Zwischen 1995 und 2008 diente André Deinhardt als Offizier in der Bundeswehr. 2004/2005 und 2006/2007 nahm er an Einsätzen in Afghanistan teil. Derzeit begleitet er den Dienstgrad eines Major d.R.

Notizen